Michel Théron

Fictions bibliques

La Bible revisitée

Tome I

© Michel Théron, 2024

Édition : BoD • Books on Demand GmbH, In de Tarpen 42,
22848 Norderstedt (Allemagne)
Impression : Libri Plureos GmbH, Friedensallee 273,
22763 Hamburg (Allemagne)

ISBN : 978-2-3225-5645-8

Dépôt légal : juillet 2023

*Les textes sont comme les désirs ou les trains :
chacun peut en cacher un autre.*

AVANT-PROPOS

Vivre est se souvenir. En particulier des livres qu'on a lus, des tableaux et des films qu'on a vus, des musiques et des chansons qu'on a entendues, etc. Tout cela nous constitue et nous institue, modèle et modélise notre présent, qui autrement serait d'une extrême pauvreté. Sans les romans par exemple, comment pourrait-on s'y prendre pour faire sa cour à une femme ? Ce sont là Miroirs instituants, qui nous font vivre. On voile les miroirs dans les chambres des morts, et un vampire, un mort-vivant, ne se reflète dans aucun miroir.

Écrire est dans le même cas. C'est se mettre à l'écoute, non seulement des sensations actuelles singulières (ou qu'on croit telles), mais aussi, et surtout dirai-je, d'anciennes paroles déjà entendues ou lues. Où ? On ne le sait peut-être pas. Mais elles sont là, qui nous précèdent et nous visitent, comme les langues de feu un jour (quel jour ?) descendues sur les Apôtres, en une Pentecôte laïque. Écrivant cela, on voit que je ne fais que me remémorer. Mais bien naïf qui croit, s'il le fait, ne pas être personnel...

Nous parlons, mais en nous s'incarne une Parole qui nous est antérieure et au service de laquelle nous nous mettons. Sans nous, elle n'existe pas. Mais sans elle, nous ne sommes pas. Elle est plus importante que nous, même si c'est nous qui la proférons. En fait, nous succédons à d'autres, qui avant nous aussi ont parlé. Qui fut le premier à le faire, nous ne le savons pas. « Comme dit l'autre... », entend-on souvent. Quel Autre ? Version agnostique de la voix de Dieu...

AVANT-PROPOS

Les textes qu'on va lire ont rencontré une voix de ce type. Chaque livre est une réécriture, un palimpseste ou un midrash : il s'écrit dans les marges d'un autre, ou d'autres. Celui-ci s'inscrit en marge du Livre par excellence, en l'occurrence celui qui, avec d'autres bien sûr mais aussi de façon essentielle, m'a modelé : la Bible. C'est un réservoir de scénarios de vie, que nous pouvons revivre à bien de nos moments.

Je ne le vois que comme tel. Mon approche n'est pas théologique ou exégétique, mais littéraire, c'est-à-dire immédiatement sensible. On ne trouvera ici aucun catéchisme, mais des incarnations, illustrations, actualisations comme on dit parfois, du texte biblique, en marge duquel ils ont été écrits. Ce dernier d'ailleurs ne fait pas exception à la règle de l'intertextualité : beaucoup de ses passages sont eux-mêmes constitués d'une sédimentation ou d'un assemblage de textes antérieurs.

En somme, et de mon point de vue, ces fictions sont écrites sur un texte fait lui-même de fictions. Ce sont récits se nourrissant de récits, incarnant ce que Bergson appelait la fonction fabulatrice, caractéristique de tout être humain.

Si donc le texte biblique est inspiré, comme on dit, je ne sais : l'essentiel est qu'il nous inspire, et qu'il éclaire, tout en l'enrichissant, tel ou tel moment qu'en simple humanité nous avons vécu.

Les actualisations contenues dans cet ouvrage servent parfois la lettre du texte biblique, et parfois s'en éloignent en l'adaptant à d'autres contextes, mais toujours en suivant son esprit – ce qui est une façon de lui rendre hommage. Mais parfois aussi elles en problématisent le contenu, quand il ne m'a plus semblé indiscutable pour un esprit indépendant. C'est la rançon de toute liberté.

*

Je remercie enfin l'artiste Stéphane Pahon, qui a illustré certaines fictions de cet ouvrage. On peut le retrouver sur sa page Facebook : PAHONCRÉATION.

ANOREXIE

EUX – Mais qu'a-t-elle donc ? Vraiment nous ne comprenons pas. Nous la choyons le plus que nous pouvons. Elle ne manque de rien, elle a tous les atouts pour elle. À l'école elle réussit très bien, elle est en tête de sa classe. Mais aussi, pourquoi se tient-elle à l'écart de ses camarades, pourquoi cherche-t-elle ainsi la solitude ? Apparemment elle n'est pas comme les autres, elle n'est pas d'ici. Mais surtout, pourquoi refuse-t-elle de manger ? Peut-être fait-elle un régime, pour ressembler à ces modèles sur papier glacé qui fascinent ces adolescentes. Pourtant elle n'a jamais été grosse. Pourquoi aussi ce mutisme avec nous, ce refus de la table familiale ? Elle a une mine cadavérique. Oui, c'est ainsi : c'est un lent suicide, une mort programmée. Si un miracle ne vient de la médecine, elle mourra, sûrement. Nous ne verrons plus la charmante petite fille que nous avons tant aimée, si pleine de promesses. Mais que lui avons-nous fait ?

ELLE – Ils n'ont rien fait que d'être devant moi toujours. Et ce qu'ils sont, je ne peux l'admettre. Lui, il va tous les jours à son travail, en revient fourbu, mange ou plutôt bâfre, et puis regarde la télévision. Cet avachissement, est-il possible que j'en provienne ? Et quant à elle, satisfaite dans son rôle de mère-poule, elle me dégoûte parce que je suis en train de lui ressembler. Mon corps s'est modifié, et me promet aussi à un destin de mère-pondeuse. Je n'en veux à aucun prix. Quelle bêtise que de penser que je fais un régime minceur ! Comme si je n'en voyais pas la vanité ! Et quelle absurdité, quelle inconséquence à vouloir que je réussisse si bien à l'école, que j'y comprenne ce qu'on m'y apprend, et que je ne comprenne pas certaines choses à la maison ! On ne peut faire deux poids, deux mesures. Ou l'on reste aveuglé, ou l'on devient lucide. Ce monde qu'on me promet, il me tue d'avance. Je ne veux pas être comme eux, je ne veux pas être le tombeau de mes rêves. Je n'ai pas leur faim, c'est d'autre chose que j'ai faim. La médecine n'y pourra rien, sinon simplement me torturer. Maintenant je veux la mort comme un long sommeil, enfin...

L'ÉTRANGER – L'enfant n'est pas morte, mais elle dort. Qu'on lui donne à manger...[A]

[A] Marc 5/35-43 : Comme il parlait encore, il vient des gens de chez le chef de synagogue, disant : « Ta fille est morte ; pourquoi tourmentes-tu encore le maître ? » Et Jésus, ayant entendu la parole qui avait été dite, dit aussitôt au chef de synagogue : « Ne crains pas, crois seulement. » Et il ne permit à personne de le suivre, sinon à Pierre et à Jacques et à Jean le frère de Jacques. Et il vient à la maison du chef de synagogue ; et il voit le tumulte, et ceux qui pleuraient et jetaient de grands cris. Et étant entré, il leur dit : « Pourquoi faites-vous ce tumulte, et pourquoi pleurez-vous ? L'enfant n'est pas morte, mais elle dort. » Et ils se riaient de lui. Mais les ayant tous mis dehors, il prend le père de l'enfant et la mère, et ceux qui étaient avec lui, et entre là où l'enfant était couchée. Et ayant pris la main de l'enfant, il lui dit, « *Talitha coumi* » ; ce qui, interprété, est : « Jeune fille, je te dis, lève-toi »' Et aussitôt la jeune fille se leva et marcha, car elle avait douze ans ; et ils furent transportés d'une grande admiration. Et il leur enjoignit fort que personne ne le sût ; et il dit qu'on lui donnât à manger.

AUX ÉCHELLES DU TEMPS...

> Et tout au long de l'existence
> Il marcha le long des chemins.
> Moins fut de sens que de présences,
> Semblables sont nos lendemains...

Du berceau à la tombe, toute la vie se consacre à en chercher le sens. On s'y croit promis. Mais on s'y épuise en vains efforts. Et la vie n'est qu'un perpétuel recommencement. Sommeil, toilette, repas, travail... Mettre, poser, ôter, remettre... Gestes dérisoires, identiques et sans fin. On tourne en rond. Vie de cheval de manège. Si le sel perd sa saveur, comment le lui redonnera-t-on ? [A]

Peut-on trouver secours, refuge où la vie serait pleine ? Mais la raison est là qui nous en décourage. Toutes choses sont toujours pareilles.

De temps en temps on cherche l'oubli, dans le Divertissement. Mais envierait-on le bétail heureux des hommes, couché dans sa litière, que soi-même on ne pourrait s'y résoudre. Peut-on aimer un anéantissement ?

... Bien moroses sont ces pensées, songe le marcheur. Et il hâte le pas.

Devant lui, un vieux couple. L'homme, voûté, s'appuyant sur une canne. Et elle, le soutenant, tenant sa main dans la sienne.

Quelle déchéance !, pense-t-il. Vraiment le Temps n'épargne personne dans son travail de mort. C'est un Ogre dévorant ses enfants, comme dans le tableau de Goya. Que n'avons-nous toujours devant ses yeux la beauté de jeunes gens ! Au moins enchantent-ils nos yeux...

Au lieu de cela, le dégoût le prend à voir cette décrépitude à quoi il est lui-même promis.

... Par la différence de leurs allures, il va les rattraper.

Arrivé à leur hauteur, il les salue d'un machinal « Bonjour ! » Mais alors le « Bonjour ! » qu'il obtient du vieux monsieur en réponse au sien le désarçonne et fait taire toutes ses précédentes pensées. Il est si proche, si chaleureux, si bienveillant, si *jeune* au fond.... Si inattendu en tout cas et si désarmant... Ton et musique en restent au fond de lui.

Maintenant les nuages ont disparu. Vieillesse et mort, absurdité ne sont pas toujours les derniers mots. Bientôt amplifiés par la mémoire, viatiques pour l'avenir, en lui se font un calme, une paix, et la vie n'est plus insipide. L'élan, le sel qu'on croyait perdus peuvent s'y retrouver. [B]

Est-ce le sens ? Sûrement pas. Mais au moins une présence, qui a existé, qui existe. Tutélaire et salvatrice, pour un temps. Ce sont barreaux qui permettent de s'agripper aux échelles du temps.

[A] Luc 14/34 : « Oui, c'est une bonne chose que le sel. Mais si le sel lui-même perd sa saveur, avec quoi la lui rendra-t-on ? »
[B] Marc 9/50 : « Ayez du sel en vous-mêmes et soyez en paix les uns avec les autres. »

AVOIR, OU PAS...

Elle l'avait rencontré au bal, et immédiatement elle avait été séduite. Il était si brillant, si disert, éclaboussant de son image tous ceux qui l'entouraient ! Tous les regards étaient fixés sur lui, et de sa prestance dans le monde elle tira une raison de plus pour lui céder. Bien vite fut oublié son ami d'enfance, si pâle et terne à côté. Comme le plein soleil éclipse la nuit.

À ses côtés, elle fut heureuse d'être admirée par les autres, de susciter des jalousies. Son amour-propre s'en trouvait flatté, et ces satisfactions l'accompagnèrent quelque temps.

Cependant, seule avec lui, elle le découvrit peu à peu. Et surtout quand elle se rendit compte qu'il ne désirait pas nécessairement de rester seul avec elle. Il avait besoin des autres, il se nourrissait de l'impression qu'il faisait sur eux. Comme une pieuvre prend sa substance en ingurgitant ce qui l'environne, il n'était vraiment lui qu'en société, dans un théâtre qui lui rendait hommage. Aussi mettait-il constamment des tiers entre elle et lui, pour mieux parader en grand acteur qu'il était. Ils furent de moins en moins seuls, en tête-à-tête. Pour lui, il n'y pouvait briller personnellement. Et il ne comprenait pas qu'il pût en être différemment pour elle.

Elle vit alors les dangers de l'extraversion : une dépendance constitutive au regard des autres, une personnalité qui n'en était que l'émanation, la création. Elle en jugea peu à peu la facticité. Pour elle, les premiers emballements passés, elle eût voulu tout de même autre chose : qu'il fût attentionné principalement pour elle, et aussi qu'il pensât à un nous-deux, au lieu de ne voir que lui seul. Elle en souffrait, ne pensant plus que ce qu'elle vivait était un vrai amour.

Un jour, lors d'un dîner en ville, comme il paradait à son habitude en dissertant avec assurance sur tous sujets, il fut impitoyablement contredit par un spécialiste de la question dont il parlait. Alors elle comprit que beaucoup de ses discours étaient creux, ne visaient qu'à faire bonne impression, à briller sans éclairer en aucune façon. Ils n'avaient pas plus de substance réelle et de durée que les fusées qu'un feu d'artifice. Son estime pour lui tomba. Elle eût voulu plus de réalité et de fond dans son langage.

En somme, même éblouissant les autres, il était vide à l'intérieur. Coquille creuse, bulle de savon, irisée mais crevable au moindre toucher. Il n'avait rien pour lui, en lui. – *Il n'avait pas...*

*

Le téléphone sonna. C'était son ami d'enfance. Elle fut heureuse de cet appel inattendu, interrompant ses pensées moroses. Ils promirent de se revoir le lendemain.

Alors à nouveau, et petit à petit, ils se ré-apprivoisèrent. Et au contact d'une personnalité si différente de celle qui l'avait séduite, elle en vit la richesse et la profondeur. Certes sa vie introvertie était cachée et obscure aux autres, mais combien riche ! Faite de méditations et de rêves, d'imagination féconde et créatrice, originale, vraiment personnelle. Un silence habité, comme aussi un langage vrai étaient possibles entre eux, loin de la foire aux vanités du monde. Elle vit que le désir immédiat et irréfléchi n'est pas tout, que seuls langage authentique et respect des attentes de l'autre permettent à deux êtres de s'entendre, et que l'amour-propre n'est pas l'amour.

Étendue auprès de lui, elle n'en finissait pas de se remémorer toutes ces qualités, qui ne pourraient que grandir encore dans sa pensée. Et elle retirait à l'autre toutes celles qu'elle lui avait données. – Car si l'autre *n'avait pas*, lui, *il avait...* [A]

[A] Matthieu 13/12 : « Car à celui qui a, il sera donné, et il sera dans la surabondance ; mais à celui qui n'a pas, même ce qu'il a lui sera retiré. »

> Évangile selon Thomas, logion 70 : Jésus a dit : « Quand vous engendrez cela en vous, ceci que vous avez vous sauvera ; s'il vous arrive de n'avoir pas cela en vous, ceci que vous n'avez pas en vous vous tuera. »

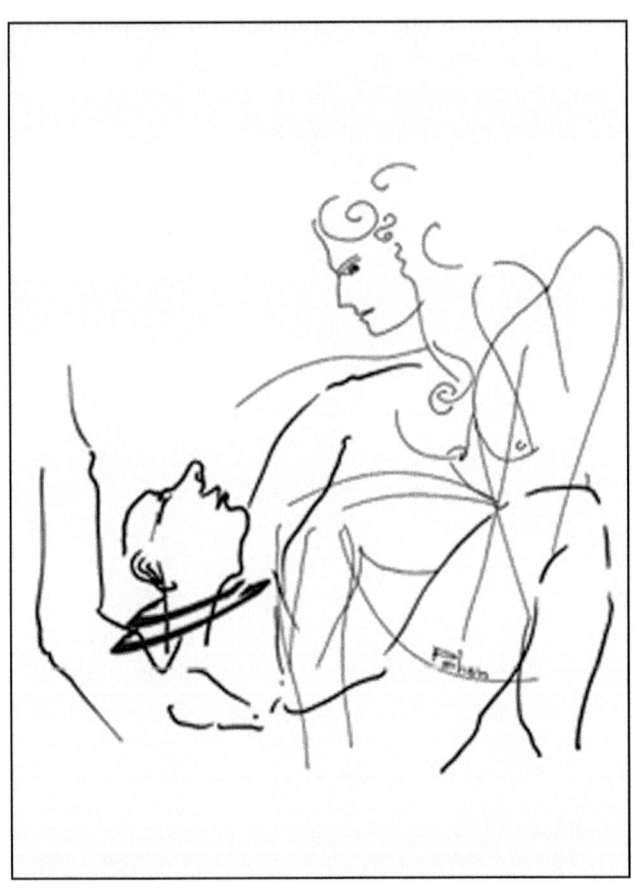

CAPITALE

Je te ferai perdre la tête... Tu ne sauras rien me refuser. Tu crieras, tu te débattras. Cela ne te servira de rien. Tu auras peur. De toute façon tu as toujours eu peur. Depuis le début, maintenant et toujours. Tu gémiras. Tu te débattras. Tu ne pourras pas m'échapper. Je te ferai tout oublier. Tu t'anéantiras. Tu me demanderas grâce. Ta paralysie j'en triompherai. Je t'en délivrerai. Délivrance que tu désires...

Aussi tu doutes de tout. Toujours. Et tu juges, tu condamnes. « Il ne t'est pas permis de... ». Professeur de morale. Prêcheur névrosé. C'est facile. En fait, tu ne veux pas prendre de risques. Précautionneux, trop d'égards à tout. Le plus grand risque en tout est de ne pas en prendre.

Tu penses trop. Trop de tête en toi. Où ton corps ?

Lâche-toi, abandonne-toi. Ouvre tes mains. Laisse tomber ta garde.

Serpentine je suis pour les hommes, pour tout homme, pour toi. Et quand tu te tordras sous mes caresses, que tu expireras ton dernier râle, je te ferai sentir, jusqu'à l'ivresse, tout mon pouvoir. Tu adhèreras à n'être plus rien entre mes mains, contre ma bouche. Je caresserai les cheveux de ta tête perdue, coupée, boirai en ton centre le suc de ta mort heureuse. Putain contre puritain. Tu me remercieras.

– Je ne veux pas mourir...

– Mais jusqu'à présent, est-ce que tu *vis* ?

... Ta tête, Jean, on me l'apportera sur un plat.[A]

A Matthieu, 14/3-9 : ... Hérode, qui avait fait arrêter Jean, l'avait lié et mis en prison, à cause d'Hérodias, femme de Philippe, son frère, parce que Jean lui disait : « Il ne t'est pas permis de l'avoir pour femme. » Il voulait le faire mourir, mais il craignait la foule, parce qu'elle regardait Jean comme un prophète. Or, lorsqu'on célébra l'anniversaire de la naissance d'Hérode, la fille d'Hérodias dansa au milieu des convives, et plut à Hérode, de sorte qu'il promit avec serment de lui donner ce qu'elle demanderait. À l'instigation de sa mère, elle dit : « Donne-moi ici, sur un plat, la tête de Jean-Baptiste. » Le roi fut attristé ; mais, à cause de ses serments et des convives, il commanda qu'on la lui donnât, et il envoya décapiter Jean dans la prison. Sa tête fut apportée sur un plat, et donnée à la jeune fille, qui la porta à sa mère...

Ce n'est pas le moment !

I

Papa, dis-moi...

– Tais-toi, tu m'embêtes !

– Mais je voudrais savoir...

– Tout à l'heure. Maintenant tu vois bien que je suis occupé.

– Pourtant, j'aurais voulu...

– Les enfants ne doivent pas déranger leurs parents. Maintenant, ce n'est pas le moment !

II

– Je voudrais retirer...

– Le guichet est fermé, Monsieur. Revenez demain.

– Mais il reste encore un instant ! Vérifiez vous-même.

– Il faut quelque temps pour fermer la caisse. Fiez-vous aux horaires affichés.

– Si je n'ai pas cet argent, je ne pourrai honorer ma dette. Ce peut être très grave pour moi. Je risque gros. Je vous en prie...

– Tant pis pour vous. Je ferme, et je m'en vais. Maintenant, ce n'est pas le moment !

III

– Tout de même, dis-moi...

– Je suis pressée, j'ai un important rendez-vous.

— Mais enfin, on peut prendre quelques minutes pour s'expliquer.

— On s'est déjà tout dit. De toute façon parler davantage ne sert à rien.

— Mais non : on peut essayer de défaire un nœud au lieu de le trancher. Ne t'en va pas. Je t'en supplie ! Tu ne sais pas ce que je suis capable de faire si tu m'abandonnes...

— Pas de chantage ! Laisse-moi passer. Ne me retiens pas. Maintenant, ce n'est pas le moment ! [A]

[A] Marc 11/12-14 : Le lendemain, à leur sortie de Béthanie, il eut faim. Voyant de loin un figuier qui avait des feuilles, il alla voir s'il n'y trouverait pas quelque chose. Et s'étant approché, il ne trouva que des feuilles, *car ce n'était pas le moment des figues*. S'adressant à lui, il dit : « Que jamais plus personne ne mange de tes fruits ! »

CHUTE

Lettre de M., étudiant, à son Professeur

Monsieur le Professeur,

j'ai longtemps hésité à vous écrire, moitié par cause de ma timidité naturelle, moitié par la paralysie où me jetait votre réputation. Je le fais cependant, car je voudrais que vous compreniez l'influence que vous avez exercée sur moi, et que mon exemple, peut-être, puisse servir de témoignage dont d'autres pourraient tirer leur profit pour l'avenir, si vous consentez du moins à y réfléchir et à le prendre en compte.

Dès que je suis entré dans votre classe, et au tout début de votre cours, je vous ai admiré. Je sentais que j'entrais là dans un terrain tout nouveau pour moi, celui de l'intelligence s'exerçant de façon totalement libre, sans aucun préjugé. Vite je me suis conformé à vos façons de penser, car leur originalité même me fascinait, tranchant avec le milieu dont je venais, et qui jusque là m'avait modelé.

On m'y avait appris des normes intangibles, un socle solide où l'on devait s'appuyer, des règles de vie qu'il était hors de question de contester. Dans cette ambiance je me sentais bien. C'était confortable. Là était le bien, et là le mal. Là le bon goût, là le mauvais. Là les lectures substantielles, et là les légères, voire les détestables.

Et voilà que vous avez tout subverti. Bienheureux vertige au début, ivresse délectable ! Je me fis un de vos plus ardents disciples. J'étais fier de tout ce que je recevais de vous.

Chute

Et pourtant, à la longue, et à l'occasion aussi de certains cours provocateurs et paradoxaux, je me suis senti ébranlé, vacillant. Peut-être faisiez-vous exprès de provoquer votre classe, et ne pensiez peut-être pas tout ce que vous disiez. Il y avait peut-être ou sans doute en vous de l'humour, de la distance. Mais à l'époque, vu mon jeune âge, je ne les ai pas sentis. Et c'est ainsi que l'ardent néophyte du début entra dans l'indécision et le doute, pour à la fin chuter de tout son haut.

Vous nous montriez que rien n'était respectable qui ne bénéficiait précisément de notre part d'une présomption de respectabilité, que donc c'était nous qui étions à l'origine de toutes nos admirations. Rien qui ne dût son aura à autre chose que nos propres projections. Alors tout le ciel et toutes ses étoiles pouvaient chavirer, puisqu'ils ne prenaient vie et n'existaient que dans notre propre regard et grâce à lui. Il n'y avait plus rien de fixe, d'existant à l'extérieur de soi, à quoi se raccrocher.

Vous n'imaginez pas combien cet écroulement, insidieux au début, fut grand et irrémédiable à la fin. Vous planiez indestructible au milieu des ruines, vous applaudissant (au moins est-ce ainsi que je l'ai ressenti) des destructions que vous faisiez en moi – et sans doute aussi en beaucoup d'autres de mes condisciples.

Car vous avez flétri toutes nos illusions. Certes nous étions petits et jeunes, mais quel droit aviez-vous à nous arracher à cette jeunesse ? Pourquoi aussi ce pessimisme que vous affichiez (je répète que c'est au moins ainsi que nous l'avons ressenti à l'époque) nous a-t-il ainsi pervertis ? Quel plaisir à retransformer nos carrosses en citrouilles ? On pleure parfois ses illusions avec autant de tristesse que les morts. Perdus dans la forêt des doutes, nous les avons semées comme un enfant abandonné ses petits cailloux, mais retrouverons-nous finalement notre chemin ?

Le scandale que vous avez causé, il a causé notre chute. Je pourrais vous en maudire, comme certains autres. Mais je me contenterai de vous en plaindre. Des hommes comme vous, sans doute *il est nécessaire qu'il y en ait, mais malheureux l'homme par qui la chute arrive !* [A]

Certes vous avez éveillé notre intelligence, mais l'intelligence est-elle tout ?

Un Souffle nous portait que vous avez détruit. Certes il avait pour lui la simplicité. Mais il avait l'évidence, tandis que vous avez tout embrouillé en semant en nous l'indécision, et peut-être que ce blasphème-là *ne sera point pardonné...* [B]

Bien sûr, vous trouverez bien injuste et ingrate cette lettre. Peut-être y répondrez-vous, ou peut-être pas. Tout ce qui nous sépare maintenant, en tout cas, je vous remercie de m'avoir permis de le voir, et c'est à vous que je dois mon évolution d'aujourd'hui.

Pour cette raison, veuillez croire, Monsieur le Professeur, à toute ma reconnaissance.

M., votre ancien étudiant, année scolaire 19*-19*.

[A] Matthieu, 18/6-7 : Quiconque entraîne la chute d'un seul de ces petits qui croient en moi, il est préférable pour lui qu'on lui attache au cou une grosse meule et qu'on le précipite dans l'abîme de la mer. Malheureux le monde qui cause tant de chutes ! Certes il est nécessaire qu'il y en ait, mais malheureux l'homme par qui la chute arrive !

[B] Ibid. 12/31 : Tout péché et tout blasphème sera pardonné aux hommes, mais le blasphème contre l'Esprit ne sera point pardonné.

COLÈRE ET PITIÉ

Une pièce, s'il vous plaît. Pour manger...

Sur le trottoir un homme étendu, estropié, tendant la main. À ses pieds, un écriteau : SDF. La foule passe indifférente. Un passant voit l'homme, et s'arrête.

Il sent une grande colère monter en lui. Désancrée, émergeant d'on ne sait quelles profondeurs. Depuis toujours l'injustice l'a révolté. Aujourd'hui, il lui semble qu'il explose, englobant le monde entier dans son ressentiment. Que dire d'une société de nantis, qui laisse de tels spectacles étalés aux yeux de tous, et ne s'en occupe pas ? Ne viendra-t-il pas, le Grand Soir, où ceux qui ont seront punis, et ceux qui n'ont pas, récompensés ? Et que dire de ce ciel vide ?

Dans l'ivresse de sa révolte, rien ne saurait échapper à ses accusations. Il étend la main, touche l'homme, comme s'il voulait le redresser. Son geste est ferme. Je le veux... ^A

*

Un autre passant s'arrête. Mais lui n'a pas la même attitude, et manifestement n'est pas dans les mêmes dispositions. Il est plein de sollicitude et de pitié, et d'abord cherche à lui parler. D'où venez-vous ? Où dormez-vous le soir ? De quoi d'autre avez-vous besoin ? En quoi puis-je vous aider ? L'homme est sensible à ces marques d'intérêt, à ces gestes compatissants, quasi caressants. Sans doute préfère-t-il la bienveillance à la colère impérieuse, l'empathie à la révolte, et la douceur au rudoiement, même bien intentionné... Deux paroles et deux moments de vie, peut-être...[B]

L'obole faite, les deux passants s'éloignent, et leurs silhouettes se fondent dans le lointain, comme s'ils n'étaient qu'un seul. Et peut-être l'étaient-ils. Qui sait ?

[A] Marc 1/40-41 (Codex de Bèze) : Un lépreux vint à lui et, se jetant à genoux, il lui dit d'un ton suppliant : « Si tu le veux, tu peux me rendre pur. » Jésus, *pris de colère*, étendit la main, le toucha et dit : « Je le veux, sois pur. »

[B] Marc 1/40-41 (texte reçu) : Un lépreux vint à lui et, se jetant à genoux, il lui dit d'un ton suppliant : « Si tu le veux, tu peux me rendre pur. » Jésus, *ému de pitié*, étendit la main, le toucha et dit : « Je le veux, sois pur. »

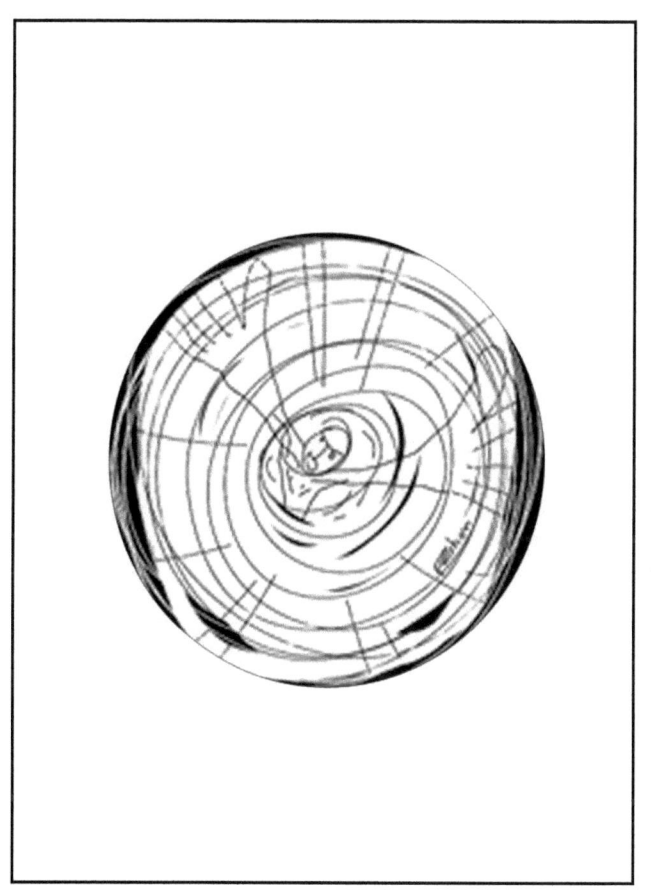

COMME C'EST PAS PERMIS…

Tous ces visages, entrevus, de loin, de près peu importe, mais toujours fuis, pourquoi ? Parce qu'à les voir ils font mal. Beaux ils sont sans aucun doute, mais beaux comme c'est pas permis…

J'ai vu, je vois, j'imagine… un pur ovale entouré de cheveux blonds et soyeux, mi-longs ou longs… des yeux bleus ou verts, en tout cas clairs, rêveurs il semble… et doux… ne pouvant faire de mal sans doute, mais en faisant tant en me déchirant… Les brunes sont piquantes, certes, attirantes, enflammantes peut-être, mais elles n'ont pas cette douceur qui tue, sans rémission. Aucun désir physique en moi ne se lèvera de ce fin visage, pas plus qu'à regarder les visages féminins de Botticelli. Féminins dis-je, mais plutôt androgynes. Angéliques. C'est cela qui sidère, et fait mourir : on est bien au-delà du sexe. Le désir n'est jamais que le regret de l'étoile, de la sidérale rencontre. Astre désastre. Ici c'est bien l'âme qui est touchée, et non le corps.

Et surtout cette jeunesse… Elle surpasse tout. Bien sûr elle disparaîtra un jour. Le visage meurtrier se creusera de rides. Cela je le sais. Mais cela ne change rien. C'est maintenant que je meurs de le voir. Pourquoi ? Parce que lui perdu ou éloigné, je devrai survivre. Et je mènerai mon deuil comme à l'habitude, ma décomposition. On ne se fait pas vieux, on se défait.

L'aile d'un Ange m'a effleuré, m'a blessé. J'en suis demeuré boiteux, comme Jacob. Anéanti, comme Sémélé. Dévoré, comme Actéon. Tous ils ont vu le dieu, et l'ont bien payé.

– Pauvre professeur, voici que tu te consoles par ces souvenirs ! Mais non, bien plutôt tu les vis, et tu n'as qu'eux pour refuge, tes pauvres livres. Protège-toi des visages, n'arpente pas les rues de la ville le nez au vent, rase les murs. À tout instant tu peux rencontrer ta Méduse. Ferme les yeux, regarde ailleurs.

Si je lui parle, que dira-telle ? Peut-être rien qui vaille. Mais son visage, sa beauté parlent pour elle. Que disent-ils ?

– Tu ne peux me voir et vivre... [A]

Va donc où te portent tes pas. Je me contenterai de te *voir de dos* [B], t'éloignant petit à petit. Visage glorieux comme c'est pas permis, pars et laisse périr le passant soucieux...

[A] Exode 33/18 : Moïse dit : « Fais-moi voir ta gloire ! » (...) 20-23 : Le Seigneur dit : « Tu ne pourras pas voir ma face, car l'homme ne peut me voir et vivre. » Le Seigneur dit : « Voici un lieu près de moi ; tu te tiendras sur le rocher. Quand ma gloire passera, je te mettrai dans un creux du rocher, et je te couvrirai de ma main jusqu'à ce que j'aie passé.

[B] Et lorsque je retournerai ma main, tu me verras de dos, mais ma face ne pourra pas être vue.

Confession d'un traître

Pourtant je l'ai bien aimé. Et quel malentendu ensuite ! On m'a noirci à plaisir, on a sali mon nom, qui est devenu une insulte. L'opprobre de la postérité me suivra sans nul doute, ainsi que celle qui frappera le peuple auquel on pensera en disant mon nom. Le catéchisme simplificateur triomphe toujours. Mais les choses sont bien plus complexes.

J'avais vu dès l'origine qu'il manquait de courage, et je le plaignais. Il se confiait à moi, comme à un vrai ami. Il était persuadé qu'il avait une mission à accomplir, mais il doutait qu'il pût le faire tout seul. Aussi je me suis mis en devoir de l'y aider, quoi qu'il en coutât. Et il m'en coutait beaucoup. Car pour ce faire, il me fallait m'abaisser le plus possible, renoncer à toute réputation personnelle, plonger volontairement dans l'abjection, et aller jusqu'au plus profond de l'humiliation. Un autre, à ce qu'on dit, s'est trouvé en pareille situation : *Pour qu'il pût croître, je devais diminuer.* [A]

J'ai donc pris le plus mauvais rôle, l'embrasser pour le livrer, et mon baiser sera pour toujours synonyme de traîtrise. Et pourtant, si je ne m'y étais pas résolu, aurait-il eu la force de se livrer lui-même ? Je ne le pense pas. Comme ces Romains qui, dit-on, n'ont pas le courage de se tuer eux-mêmes quand la nécessité les y presse, et en confient le soin à leurs esclaves. Que de courage faut-il pour ce faire, surtout pour le serviteur d'un Maître aimé !

Aussi ses idées sans moi n'auraient pas triomphé. Au fond, tel un escabeau ou un marchepied lui permettant de s'élever, j'ai été la seule origine de sa victoire posthume : le vrai créateur du mouvement qui se réclame de lui. Sans la fiction qu'ils ont inventée à mon propos, rien de tout cela ne serait arrivé. Le Maître n'aurait pas souffert et ne se serait pas ensuite redressé pour, comme ils disent, racheter leurs péchés. Au fond, ils devraient me remercier, reconnaître que c'est moi le vrai Sauveur des hommes, puisque c'est grâce à mon sacrifice qu'ils ont été sauvés.

Mais en vérité ils ne l'ont pas assez connu. Moi seul le connaissais vraiment. Aussi bien, lassé de ce monde éphémère et illusoire, et désireux de s'en délivrer, il fit de moi son disciple d'élection. Il voyait tous ces êtres qui s'agitaient autour de lui tels des fantômes, poursuivant leurs rêves chimériques et menant des luttes irréelles, en exil et deuil de l'essentiel, qui pour lui n'était *pas de ce monde.* [B] De cette illusion il voulait s'évader. Un jour, me prenant à part, il me dit : *Tu les surpasseras tous. Car tu sacrifieras mon apparence charnelle.* [C]

Comme il souffrait de ce qu'il voyait autour de lui, quand j'y repense ! Finalement, je ne l'ai pas livré, mais délivré. Et j'ai livré aussi son enseignement à la postérité. Ce sont les autres qui l'ont trahi, et pas moi : ceux qui m'ont noirci et qui ont falsifié ses idées. On me dit traître, mais pourquoi pas transmetteur d'un message, gardien d'un dépôt ? N'est-ce pas le même mot ? [D]

Aujourd'hui, dans cette prison où je suis enfermé, la nuit m'environne, tandis que lui est définitivement dans la lumière. Mon gardien m'épie sans que je puisse le voir, par l'hypocrite ouverture pratiquée dans la porte, trahissant (elle aussi !) tout contact humain, qui pour cette raison chez certains peuples portera mon nom. Comme si celui-ci était définitivement maudit pour tout et pour tous, et pour les siècles des siècles !

Mais c'est bien, tout est dans l'ordre. Il n'y a pas là de quoi se pendre...

– Cependant écoutez-les, ceux qui veulent que ce soit là mon sort, et qui m'injurient au-dehors et pour l'éternité en criant mon nom :

– Judas !

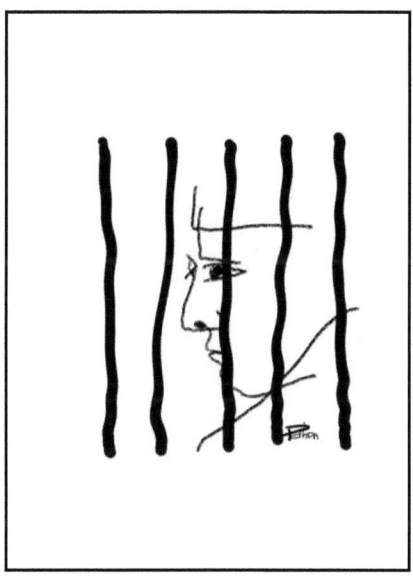

[A] Jean 3/30 : « Il faut qu'il croisse et que moi, je diminue. » (parole de Jean-Baptiste à propos de Jésus)

ᴮ Jean 8/23 : Il leur dit : « Vous êtes d'en bas ; moi, je suis d'en haut. Vous êtes de ce monde ; moi, je ne suis pas de ce monde. »

ᶜ Évangile de Judas, fragment 57

ᴰ « Traître » : gr. (Évangile) παραδους ; lat. (Vulgate) *traditor* (v. Matthieu 10/4, etc.). – « Dépôt » : gr. παραδοσις ; lat. *traditio*.

Confiance

Elle m'a été enlevée depuis longtemps, ou bien je l'ai perdue, mais cela revient au même. Un enfant l'a normalement en lui, il me semble. Voyez comment ils viennent spontanément au-devant d'un étranger qu'ils croisent sur leur chemin, avec un beau sourire ouvert, et un retentissant « Bonjour ! » C'est seulement les parents, eux-mêmes paralysés par leurs peurs, qui les reprennent : « On ne sourit pas à des étrangers ! Méfiance est mère de sûreté ! » Ainsi se perpétue un nouveau Massacre des Innocents.

Pour moi, il a eu lieu très tôt. Ma mère était une grande anxieuse, et mon père inexistant. Je ne veux pas dire absent physiquement, mais simplement qu'on ne pouvait pas compter sur lui : instable et inconséquent, changeant constamment d'humeur et d'état. Cela venait d'une fragilité peut-être constitutive, peut être acquise, je n'en sais rien. Cette réflexion, je peux la faire maintenant, mais à l'époque je ne le pouvais, et j'ai souffert de la conséquence sans pouvoir m'interroger sur la cause.

Cette souffrance m'a accompagné tout du long, m'a suivi comme mon ombre, inséparable. Que peut faire un enfant à qui la confiance dans la vie, dans les possibles à venir, a été ôtée ? Il a beau chercher le Père dans son père, il ne le trouve pas. Le modèle paternel doit faire grandir, il me semble, comme tout arbre a besoin d'un tuteur pour ne pas être déraciné. Encourager, ouvrir un chemin, donner confiance. Mais cela ne s'est pas produit. J'ai toujours eu peur – à l'image de ma mère, dont sans doute l'angoisse était amplifiée par l'état de son mari. Mais cela encore je ne pouvais pas l'analyser.

Fait significatif, je ne l'ai jamais entendue chanter. Il n'y avait nulle fête chez nous, nulle réunion d'amis. J'ignore ces maisons où règne la joie. Et même je les hais, car elles me provoquent trop, par rapport à ce que j'ai vécu. On a essayé de m'y transplanter, par souci de compensation et bonne intention sans doute, mais le résultat a été catastrophique. Le bonheur des autres m'a semblé factice, vraiment insultant, totalement irréel, alors que ce que j'ai vécu était bien réel à côté.

Il me souvient d'un extrait de film, où un artiste peintre dépressif voit toujours comme il dit « les choses derrière les choses » : derrière un nageur, il voit un noyé, etc. J'ai été comme cela. Et encore maintenant, chaque fois qu'une perspective nouvelle s'ouvre devant moi, je vois le pire. Aujourd'hui encore, il suffit d'une lettre inconnue, d'un soudain coup de sonnette ou d'un appel de téléphone, pour m'angoisser.

Pourtant j'ai étudié, avide de ce que recélait cette forteresse de livres qui me servaient de remparts pour me protéger de la vie. J'en ai cherché le sens, et j'y ai lu aussi que la confiance était l'essentiel pour avancer dans la vie. Cela, je le sais, mais abstraitement, intellectuellement. Comment le vivre ?

Le calme de cette pièce où je parle librement, ce divan où je suis allongé, ces belles gravures sur les murs, tout cela m'invite à la paix. Certes je ne suis plus au fond du désespoir, tout simplement parce que j'ai vécu, et pu entrevoir au fil de toutes ces années, en brèves illuminations, ces moments d'éternité où le but semble être atteint. En moi est, il me semble, quelqu'un qui demande à naître, comme un nouvel enfant qui n'aurait pas connu ce que j'ai connu, enfin débarrassé des peurs. Je m'y raccroche, et on peut dire que j'y ai fait le premier pas vers la confiance. Mais pour le second, qui m'y aidera ?

Aidez-moi, Docteur, à devenir père de ce nouvel enfant. J'ai confiance, venez au secours de mon manque de confiance ! [A]

[A] Marc 9/24 : ... Aussitôt le père de l'enfant s'écria : « J'ai confiance ! Viens au secours de mon manque de confiance ! »

D'OÙ VIENNENT LES CHOSES...

MOI – Souris-moi toujours. J'en ai besoin, de ton sourire, et que tu me regardes comme cela toujours. J'en tire confiance et raison de vivre.

ELLE – Oui, mais cesse de mendier ainsi. Toi aussi regarde-moi comme tu le fais maintenant. Aime-moi, désire-moi, et je sourirai. C'est ton regard qui m'embellit. Sans lui, je retombe au néant.

LUI – C'est elle qui a raison. Écoute-la. Ce que tu vois, c'est ce que tu crées. Comprends-le. Tu peux tuer quelqu'un par un seul de tes regards, une seule de tes paroles. Et aussi le sauver. Choses et êtres sont ce que tu en fais. N'attends pas la surprise de l'extérieur. Rien ne t'est dû, tout t'est confié. Ne gâche rien, c'est si facile, et si fréquent... Ce qui compte, ce n'est pas ce qui vient à toi, c'est *ce qui sort de toi*. [A]

[A] Marc 7/14 : Ensuite, ayant de nouveau appelé la foule à lui, il lui dit : « Écoutez moi tous, et comprenez. Il n'est hors de l'homme rien qui, entrant en lui, puisse le souiller ; mais ce qui sort de l'homme, c'est ce qui le souille. Si quelqu'un a des oreilles pour entendre, qu'il entende !

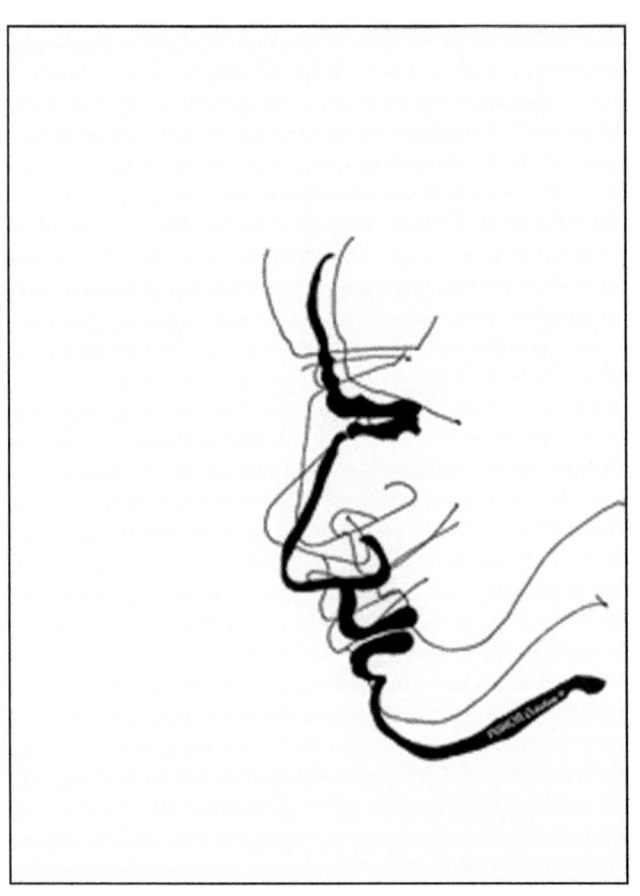

Découragement

Non, décidément, cela n'est pas juste. J'ai bien essayé pourtant, je me suis bien appliqué, j'ai tâché de mettre toutes les chances de mon côté, j'ai beaucoup travaillé, opiniâtrement creusé le sol de toutes les questions. Et j'étais plein de bonnes intentions, je respectais cette Institution dont je briguais un poste. Et voilà que lui, l'autre là, l'oisif, le paresseux, le nez-en-l'air, lui qui n'a rien fait de tel, qui même s'est contenté de venir après moi, de répéter mes démarches, de me copier, le voilà qui réussit ! De quel droit ? Et de quel passe-droit a-t-il bénéficié ? Sans doute c'était lui le chouchou, et la décision de le recruter était déjà prise, depuis toujours. À lui la belle vie, maintenant, et pour moi le mépris ! Je hais ce népotisme, cet arbitraire. Que fait-on du mérite des gens ?

Non, assurément, si tel est le sort réservé à ceux qui se donnent de la peine, je n'essaierai pas davantage. Cela n'a pas marché pour moi une fois. Il n'y a aucune raison pour que cela marche à l'avenir. Ce que je voulais je ne l'ai pas eu. Aucune reconnaissance pour mon application et mes bons soins. Je me suis heurté à un mur d'ingratitude. Découragé, la glace me renvoie mon visage : normal qu'il s'assombrisse, puisque tombe tout mon élan.

Tiens, voici la lettre de refus, de non-recevoir. Je l'ai reçue ce matin. Autant la mettre à la poubelle. – Voyons pourtant ce qu'elle dit, une dernière fois…

Si tu agis bien, ne te relèveras-tu pas ? [A]

[A] Genèse 4/2-7 : ... Abel fut berger, et Caïn fut laboureur. Au bout de quelque temps, Caïn fit au Seigneur une offrande des fruits de la terre ; et Abel aussi en fit une des premiers-nés de son troupeau et de leur graisse. Le Seigneur porta un regard favorable sur Abel et sur son offrande ; mais il ne porta pas un regard favorable sur Caïn et sur son offrande. Caïn fut très irrité, et son visage fut abattu. Et le Seigneur dit à Caïn : « Pourquoi es-tu irrité, et pourquoi ton visage est-il abattu ? Si tu agis bien, ne le relèveras-tu pas ? ... »

DE GRÉ OU DE FORCE...

MANDEMENT D'AUGUSTIN, ÉVÊQUE D'HIPPONE, À DESTINATION DES FIDÈLES DE SON DIOCÈSE

Chers frères,

vous savez que certains parmi vous soutiennent les idées hérétiques d'un prédicateur carthaginois, pour qui la validité des sacrements qui vous sont administrés dépend de la valeur de celui qui les administre. [A] Ne vous laissez pas abuser. Le premier à dispenser les sacrements a été le Christ lui-même, et tous ceux qui à sa suite en sont chargés œuvrent en son nom. L'Église toute entière a reçu cet office, et tous les bienfaits et dons qu'elle vous prodigue est marqué au sceau de ce saint patronage.

Quant à ceux qui pensent autrement, je vous exhorte à lire ce que dit l'Évangéliste. Un maître avait préparé un dîner pour des invités, qui s'étaient tous abstenus d'y assister pour diverses raisons. Aussi le maître, dans sa juste colère, chargea son serviteur d'aller par les rues, et de forcer tous ceux qu'il rencontrerait à entrer sans sa maison, afin que celle-ci fût remplie. [B]

Sachez lire, chers frères : le Maître est Dieu lui-même, dont vous devez redouter la colère, et la maison est l'Église, qui le représente. Hors de celle-ci, point de salut. Il faut donc faire entrer de force, si ce n'est de gré, ceux qui ne pensent pas comme elle. Le texte le dit lui-même : force-les à entrer – *conpelle intrare*. [C]

Au début donc, essayez de les persuader. Mais à la fin, s'ils s'obstinent, forcez-les.

Puissent-ils servir d'exemple aux autres, et à tous ceux qui dans le futur pourraient être tentés de suivre d'autres errements ! Qu'ils sachent, s'ils refusent de se soumettre à la voie de l'Église, qu'on peut les y contraindre, et de multiples façons ! Qu'il en soit ainsi, pour les siècles des siècles !

*

PRÉDICATION DE BERNARD GUI, DOMINICAIN, GRAND INQUISITEUR DE TOULOUSE

Mes frères,

le climat actuel ne pousse pas à l'optimisme. En effet nombreuses sur nos terres sont les brebis égarées, et qui ne veulent pas se ranger à la vraie foi. Ils se disent Purs, et fidèles à l'Évangile. Mais en ont-ils lu le texte ? En particulier celui de l'évangile de Jean, qui leur est cher. Ne porte-t-il pas ce passage : « Si quelqu'un ne demeure pas en moi, il est jeté dehors comme le sarment, il se dessèche, puis on les ramasse, on les jette au feu et ils brûlent. »[D]

Le sens est pourtant clair il me semble. Si ces hérétiques ne peuvent, après maintes infructueuses tentatives, être amenés à résipiscence, eh bien il faut en faire ce que dit Notre Seigneur : leur faire subir le sort des sarments infidèles, les brûler sur le bûcher. C'est à quoi il les a condamnés expressément : et ils brûlent – *et ardent*.

Ces sarments félons auront le sort qu'ils méritent. Puisse l'avenir aussi connaître la vengeance de l'Église et de la vraie foi contre ceux qui s'en détournent. Il n'y a qu'un moyen de la rétablir quand tous les efforts de persuasion sont vains : c'est l'écobuage des hérésies.[1]

A Donat, inspirateur des Donatistes.

B Luc 14/16-24.

C Luc 14/23, version Vulgate : « Force-les à entrer » – *Conpelle intrare*.

D Jean 15/6.

---

[1] Cette fiction s'inspire de faits réels. Voyez par exemple l'article « Donatistes » dans mon *Petit lexique des hérésies chrétiennes*, Albin Michel, 2005.

DÉPAYSEMENT

CHOISISSEZ VOTRE DESTINATION !

Ces quelques mots, à la devanture d'une Agence de voyages, arrêtent le passant méditatif.

J'aimerais bien moi aussi avoir cette possibilité, m'en aller, m'évader bien loin, être vraiment dépaysé. Loin de ce monde que je connais par cœur, et lieu de toutes mes déceptions. Il me semble qu'un ailleurs ensoleillerait ma vie. Je suis si peu de chose là où je suis. Aller n'importe où, mais bien loin ! Que ne le puis-je tout de suite !

Il entre dans le jardin public attenant, et s'assied sur un banc. Près de lui un arbre frémit sous le vent, et attire son attention. À ses pieds sautille un pigeon.

J'aimerais bien être comme cet oiseau, voler sans entraves, aller où je veux. Quel beau partage il doit avoir, et combien je comprends sa joie ! Pour voir toujours de nouveaux endroits, que ne suis-je oiseau moi-même ! Ou encore avion, pour m'emmener vers d'autres pays !

Petit à petit une somnolence le gagne, puis quelques instants de vrai sommeil, où il entend une voix.

... À quoi bon tout cela ! Je suis près de toi. Regarde-moi ! Ne suis-je pas ancré au sol, profondément, par mes racines ? Elles me donnent vie, c'est d'elles que je tire ma substance, et elles m'empêchent d'être emporté par le vent. Cesse d'envier l'oiseau, d'aspirer à un dépaysement qui te fait oublier ton vrai pays. Où voudrais-tu courir ? Ta destination, c'est toi-même, ton être profond, que tu dois apprendre à connaître. Après, ton regard sur chaque chose changera, et aussi tous les êtres qui t'environnent. Ils te reconnaîtront, t'en rendront témoignage et t'en seront reconnaissants. Avant d'aller ailleurs, plonge en toi-même. Arrête de te fuir, dans une errance qui est pauvreté, mendicité...

Par bribes et fragments l'arbre vient de lui parler. Ou bien la brise d'été dans ses feuilles, il ne sait. Enfui l'oiseau, il émerge du rêve, et il est rendu à sa méditation.

Et voyant désormais que rien ne naît pour nous sinon du fond de nous-mêmes, il rentre chez lui. [A] [B].

[A] Luc 17/20-21 : Les pharisiens demandèrent à Jésus quand viendrait le royaume de Dieu. Il leur répondit : « Le royaume de Dieu ne vient pas de manière à frapper les regards. On ne dira point : 'Il est ici', ou : 'Il est là'. Car voici, le royaume de Dieu est à l'intérieur de vous. »

[B] Évangile selon Thomas, logion 3 : Jésus a dit : « Si ceux qui vous guident vous disent : 'Voici, le Royaume est dans le ciel', alors les oiseaux du ciel vous devanceront ; s'ils vous disent qu'il est dans la mer, alors les poissons vous devanceront. Mais le Royaume est le dedans de vous et il est le dehors de vous. Quand vous vous connaîtrez, alors vous serez connus, et vous saurez que c'est vous les fils du Père-le-Vivant ; mais s'il vous arrive de ne pas vous connaître, alors vous êtes dans la pauvreté, et c'est vous la pauvreté. »

Devant tout le monde...

« Si tu continues, je vais te corriger devant tout le monde... ». La petite fille baisse la tête, peut-être rouge de confusion, je ne vois pas bien sa figure. Mais j'imagine bien la suite. Si elle se tient tranquille, ce sera bien – jusqu'à la prochaine fois. Sinon... Le sadisme des mères est sans limite. Elle sera corrigée, effectivement, et pourquoi pas culotte baissée, « devant tout le monde ». Et la foule est grande, qui se presse autour, dans ce jardin public. L'humiliation sera à proportion.

Singulier, ce système d'éducation-dressage, qui voit le maximum d'efficacité dans la punition infligée en public ! Devant le peuple comme on disait, *coram populo*. C'est lui finalement le juge, le Grand Décideur. À sa voix on se soumet, et cette voix est même celle de Dieu : *vox populi, vox Dei*. L'individu n'existe pas, s'il ne se soumet à elle. On ne vit que grâce au consensus, à l'approbation générale. Et inversement, la réprobation, l'index du Peuple, rejette au néant. Rien de plus fasciste ou fascinant que cela : on n'a jamais raison contre tout le monde. – Mais si justement, au contraire : on peut avoir raison tout seul, ou « devant tout le monde ». On ne tombe pas toujours en solitude, parfois on y monte. Et il est des cas où l'union fait la faiblesse...

Ah ! Madame, vous avez bien dû intégrer tout cela, pour ainsi agir avec votre fille. On a dû vous apprendre à être conforme, à vous modeler selon le regard des autres. Surtout ne pas faire de vagues, rester dans la norme sociale. Sinon, de quoi est-ce qu'on aurait l'air ? De toute façon, c'est bien comme cela qu'on a toujours fait : alors... c'est bien tout court. Et tout naturellement vous élevez, ou plutôt vous abrutissez de la même façon votre progéniture.

Gageons que si, mariée, vous aviez un amant, le plus grave pour vous serait que cela se sache, que vous soyez exposée à l'opinion, aux regards, « devant tout le monde »... Vous ne savez pas que la plus grande volupté parfois est de passer pour un crétin aux yeux d'un imbécile. Je ne sais plus qui a dit : « Si les gens qui disent du mal de moi savaient ce que je pense d'eux, ils en diraient bien davantage ». En tout cas, c'était un grand sage. Mais tout cela sans doute vous échappe, et voici que vous me regardez avec méfiance, ou peut-être hostilité, ce en quoi d'ailleurs vous avez parfaitement raison. En fait, ce dont vous menacez votre enfant est ce que vous redoutez le plus pour vous-même. Et aussi évidemment vous vous l'imaginez, elle la chair de votre chair, à votre propre image. Mais que savez-vous d'elle, au fond ?

La voici qui s'est remise à jouer. Elle essaie de pénétrer dans le Château fort en plastique, maladroitement. Naturellement elle hésite, ne sait comment s'y prendre, tente tout de même de s'insinuer. Mais la voici à nouveau abasourdie des cris maternels.

– « Sors de là, tu vois bien que cette porte est trop étroite, va ailleurs, à l'autre, par exemple, fais comme les autres. »

Chère petite, prends cette porte, *entre par la porte étroite* [A]. Alors tu répondras à ta génitrice, mais sans doute bien plus tard, que c'est le seul moyen de triompher de la dictature de la foule, d'avoir raison au regard de l'essentiel, et ainsi, en se moquant parfaitement de ce pour quoi on passe, de véritablement passer « devant tout le monde »...

[A] Matthieu 7/13 : Entrez par la porte étroite. Large, en effet, et spacieux est le chemin qui mène à la perdition, et il en est beaucoup qui s'y engagent ; mais étroite est la porte et resserré le chemin qui mène à la Vie, et il en est peu qui le trouvent.

DIEU LUI-MÊME...

Dehors brille un magnifique soleil.

Ils sont là, face à face, dans la pièce aux rideaux tirés, tête baissée. Pourquoi cela est-il arrivé ? Il ne demandait qu'à vivre, épanoui dans sa belle jeunesse. Leur regard se porte, sur la cheminée, sur la photo d'un beau jeune homme. Puis, au bout de la table, sur une chaise, la sienne. Désormais, il est bien mort. Le mot dans la bouche du gendarme, tout à l'heure, n'a fait que les assommer. Mais maintenant cette chaise vide dit tout.

Ils pleurent silencieusement, en se tenant la main. Qu'ont-ils fait pour mériter cela ? Ils l'avaient pourtant bien élevé. À qui la faute ? À cet automobiliste fou, peut-être imprégné d'alcool ? Au manque de visibilité qu'on a à ce carrefour, où déjà des accidents se sont produits ? Au destin ? À Dieu ? On n'en sait rien...

Justement un petit coup frappe à la porte. C'est le curé. Il vient les réconforter.

« Dieu lui-même... » Mais il voit le regard égaré du père, accablé de la mère. Il hésite, puis se reprend, consent à dire d'une voix basse : « Lui qui n'a pas épargné son propre Fils, mais qui l'a livré pour nous tous, comment ne nous donnera-t-il pas aussi tout avec lui, par grâce ? » [A]

Il a juste le temps de finir. Car aussitôt le père se lève, se jette sur lui, lui crache au visage, et le chasse. Devant tant de brutalité, répondant à tant de barbarie, la mère n'a pas réagi. Elle est restée assise, elle regarde dans le vide et le noir de sa nuit.

Mais enfin on l'entend murmurer : *« N'étends pas ta main sur le jeune homme et ne lui fais rien... »* [B]

Dehors brille un magnifique soleil.

[A] Romains 8/32

[B] Genèse, 22/10-12 : Puis Abraham étendit la main et prit le couteau pour égorger son fils. Alors l'ange du Seigneur l'appela du ciel et dit : « Abraham ! Abraham ! » Il répondit : « Me voici ! » L'ange dit : « N'étends pas ta main sur le jeune homme et ne lui fais rien... »

DIEU LUI-MÊME...

DIVISION

LETTRE DE CHRISTIANE À SON AMIE IRÈNE

Ma chérie,

Divisée... C'est comme cela que je me sens. À cause de lui.

Comment cela a-t-il pu se passer ? Bien sûr dès le début je l'ai aimé. Il était si beau, si gentil aussi et si prévenant ! Toute entière je me suis donnée à lui, et je croyais éternel ce sentiment qui m'habitait : quelque chose de pur et sans mélange, prenant son envol sur les ailes du rêve. Mais la suite a démenti mon espoir.

Au fil des jours il m'a révélé sa vraie nature. Calculateur et ne pensant qu'à lui, pour lui je ne comptais pas pour grand-chose. J'avais beau comme on dit prendre sur moi, tous mes efforts pour nourrir notre relation (ou ce que pensais être une relation) furent vains. Et petit à petit je me suis détachée.

Détachée ? Non, pas vraiment. Mais s'insinua en moi un sentiment qui détruisit mes illusions : quelque chose qui ressemblait au mépris. Et aussi je m'en voulais de m'être ainsi engagée : je me découvrais bien naïve et imprudente, et cette découverte me faisait encore plus souffrir. J'avais aussi du mépris pour moi-même.

Lorsque j'appris qu'il voyait aussi d'autres femmes, je me sentis humiliée. Il me demanda un pardon que je lui donnai, me figurant qu'il changerait. Mais comme le temps aidant il ne changea pas, je m'en voulus de ce pardon que je lui accordai alors. J'avais petit à petit perdu ma dignité. Finalement j'étais tombée de tout mon haut, je n'étais plus la femme sûre d'elle que je croyais être.

Les disputes aussi s'achevaient par ces répugnantes réconciliations sur l'oreiller, et dont tu as au moins entendu parler si tu ne les as pas connues. – Répugnantes ? Non, car mon corps y trouvait son compte, même si mon cœur et mon âme en étaient absents. Dans ce consentement à ses caresses j'étais irrémissiblement partagée. Cette affreuse adhésion me plongeait dans un enfer sans retour.

Souvent j'ai pensé à le quitter. Mais dans les réflexions qui tyrannisaient alors mon esprit, le gouffre de la solitude me faisait peur. Tu connais mon exaltation, et combien j'ai de mal à m'en délivrer. Trouverais-je encore un partenaire qui pût la nourrir ? L'avenir n'était-il pas clos pour moi ? Tout tournait dans mon esprit, sans que rien de décisif en pût sortir.

Finalement je ne sais plus si je l'aime encore un peu, ou si je le hais, tout en me haïssant moi-même. Plains-moi, ma chère Irène. Goûterai-je un jour cette paix à qui ton prénom te destine ? Combien le voudrais-je, sans pouvoir l'espérer ! Je t'envie de ne pas connaître, dans ta sagesse, cette ambivalence où je me débats : je n'ai plus d'unité intérieure, je ne sais plus qui je suis. Le saurai-je seulement, quand mon âme sera séparée de mon corps et aussi de mon esprit, qui aujourd'hui la trahissent ?

Dis-moi ce que tu penses de tout cela.

Réponds-moi vite…

DIVISION

Réponse d'Irène à Christiane

Ma chérie,

tu te dis divisée, tu parles d'un enfer. N'oublie pas que c'est le lieu du Diable, qui comme son nom l'indique est le grand Diviseur. L'état « diabolique » donc où tu te trouves, tu dois en sortir. Même te sachant non croyante, à la différence de moi, je me permets de te rappeler cette si belle maxime de l'Évangile : *Que votre oui soit oui, et que votre non soit non, et tout le reste vient du Malin.* [A]

Rien de bon ne peut sortir d'un sentiment mélangé, où les intérêts différents tirent chacun de leur côté. Est bon un sentiment qui nous unifie, et mauvais un sentiment qui nous divise. Tu peux, j'en suis sûre, retrouver cet état « pur et sans mélange » dont tu parles. Tout alors ira dans le même sens : le désir, le don, l'estime, la camaraderie même et l'amitié, tout cela fait un amour lucide et mature. On ne peut avoir pour quelqu'un désir et mépris à la fois. Sinon c'est cet « amour vache » comme disent les Français, ou ce *hell love* dont parlent les Anglais, qui renvoie bien à l'enfer dont tu parles.

Je te souhaite de dire bientôt des vrais « oui » et des vrais « non », et d'être unifiée. Aussi bien tu l'as été dans l'enfance, cet état magique et béni, ce paradis lointain dont parle le poète, où tout ce que l'on aime est digne d'être aimé. Unifiée, pourquoi ne pourrais-tu le redevenir ? Le soleil qu'on a déjà vu n'est pas détruit par les nuages qui l'offusquent un temps. Garde courage.

... Et aussi, à propos des « oui » et des « non », je pense maintenant à un autre évangile que celui que je t'ai cité, que je fréquente même « hérétique », et que j'actualise à ton intention, en gardant son esprit. Puisses-tu toi aussi revenir, par-delà la dualité, à cette unité que connaissent naturellement les enfants, qui sont entièrement à leurs élans, et *faire le Deux Un* ! [B]

Je t'embrasse.

Ton amie Irène.

[A] Matthieu 5/37

[B] Évangile selon Thomas, logion 22 (actualisé) : Jésus vit des petits qui tétaient. Il dit à ses disciples : « Ces petits qui tètent sont semblables à ceux qui entrent dans le Royaume. » Ils lui dirent : « Alors en étant petits entrerons-nous dans le Royaume ? » Jésus leur dit : « Lorsque vous faites le deux Un..., lorsque vous faites le 'oui' à la place du oui, et le 'non' à la place du non, alors vous entrerez dans le Royaume. »

DOUTE ET PRÉSENCE

Est-ce que c'est lui ? Lui tant attendu. Enfin venu… Est-ce qu'il est là ? Est-ce qu'il *est* (non un fantôme). Est-ce que j'en suis sûr ? Vraiment ? Je ne me trompe pas ? Je me suis si souvent trompé. J'ai si souvent erré, plongé, coulé. Ces visions successives, ces promenades ensemble illuminées, ces pensées en certains regards lues, et la musique de certaines paroles, est-ce qu'elles ne m'abusent pas ?

– Viens. Je suis celui que tu attends. Une Présence qui est là. Depuis toujours je suis, à tes côtés, en toi. Tu me reconnais. Face à toi et au fond de toi. Flamme qui brûle, cœur qui bat, graine qu'on sème. Qui que je sois, *je Suis*[A]. De toute éternité sans doute. Sans aucun doute. Aussi ne doute pas. Je n'ai pas d'autre nom que ce verbe. Je suis… qui je suis. Ou comme je suis. Rien d'autre. Il n'y a pas à hésiter. Rien à ajouter. C'est bien simple et c'est tout. Et je t'assure que ce n'est pas rien… – Alors suis-moi.

– Si tu *es*, ou si vraiment tu es là, ou si tu existes, soit que je te voie, soit que je te sente, fais-moi venir à toi.

– Viens ![A]

– Maintenant je le veux, je le voudrais, j'essaie, je ne suis plus sûr maintenant, il n'y a plus rien en moi qui me tienne, je me perds dans mes pensées, je vois trop de choses qui me font peur, je réfléchis et je fléchis. Je sombre et je me noie.

– Prends ma main, homme de peu de foi. Pourquoi as-tu douté ?[A]

A Matthieu 14/24-30 : La barque, déjà au milieu de la mer, était battue par les flots; car le vent était contraire. À la quatrième veille de la nuit, Jésus alla vers eux, marchant sur la mer. Quand les disciples le virent marcher sur la mer, ils furent troublés, et dirent : 'C'est un fantôme !' Et, dans leur frayeur, ils poussèrent des cris. Jésus leur dit aussitôt : 'Rassurez-vous, *je Suis*, là présent ; n'ayez pas peur !' Pierre lui répondit : 'Seigneur, si tu *Es*, là présent, ordonne que j'aille vers toi sur les eaux.' Et il dit : *'Viens!'* Pierre sortit de la barque, et marcha sur les eaux, pour aller vers Jésus. Mais, voyant que le vent était fort, il eut peur ; et, comme il commençait à enfoncer, il s'écria : 'Seigneur, sauve-moi !' Aussitôt Jésus étendit la main, le saisit, et lui dit : *'Homme de peu de foi, pourquoi as-tu douté ?'* Et ils montèrent dans la barque, et le vent cessa.

Famille

Que lui est-il arrivé ?

– Tout plein de l'enseignement de son Maître, il a voulu pour le suivre rompre tous les liens avec sa famille. Souvent j'ai voulu l'en dissuader, au nom d'un élémentaire principe d'humanité. Mais il s'entêtait, il me répétait qu'il devait jusqu'à les haïr.[A] Manifestement rien ne pouvait le retenir, et cela a duré jusqu'à ce fatal projet...

– Lequel ?

– Il décida que, pour être fidèle à ce que son cher Maître disait, il devait sacrifier, pour compléter les objets de sa haine, *même sa propre vie.*[A] Aussi fomenta-t-il cet attentat que tu sais, et dont tout le monde a parlé. Il devait être son grand geste, le tribut qu'il devait à son Maître. L'acte échoua, et le voilà maintenant en prison. Pauvre de lui !

– Peut-on l'y aller voir ? Peut-on lui parler ?

– Je ne sais. Au surplus je ne sais si cela lui serait utile.

– Au contraire, cela pourrait le faire réfléchir sur ce que lui a dit son Maître. Peut-être les mots que tu m'as rapportés ne sont-ils pas ses derniers. Et peut-être aussi les a-t-il mal compris...

– Que veux-tu dire ?

– Vois. Il est sûr que pour progresser dans la vie il faut rompre les liens avec les membres de sa famille. Je parle des liens du sang. Parfois ils sont plus affreux que des nœuds de serpents. Et en bien des cas tout le monde n'a pas la chance d'être orphelin.

– C'est horrible ce que tu dis.

– Oui, mais c'est vrai, malgré ce qu'on pense et dit pour se rassurer, et pour s'aveugler. Si donc ce qu'a dit le Maître à notre ami est seulement ce que ce dernier t'a rapporté, rester sur cette constatation est décourageant, ou horrible comme tu dis. Mais heureusement ce n'est pas le dernier mot de la question.

– Comment cela ?

– Le Maître a différents disciples qui rapportent ses paroles. Il convient de les écouter tous, de chercher si certains mots qui nous désespèrent chez celui-ci, ne sont pas complétés chez celui-là.

– Explique-moi.

– Il est sûr que nous sommes toujours déçus par les membres de notre famille. Proches d'eux, nous ne pouvons qu'en voir les défauts. Ils ne répondent pas à notre attente. Mais enfin, cette attente nous habite, et elle est essentielle. Il faut s'y raccrocher, et au lieu de comparer la réalité de nos parents avec ce que nous espérons d'eux cramponnons-nous à ces grandes images. Elles nous instituent à la fois et nous font vivre. Sans elles, nous errons. Chacun cherche son Père dans son père, et sa Mère dans sa mère. Ce sont les caryatides imaginaires qui soutiennent l'enfant-balcon. Tant qu'elles sont en nous, nous ne sommes pas seuls. Le Père reste au fond de nous comme incarnant la Parole qui sépare et la Loi, et la Mère l'accueil inconditionnel. Et peut-être au fond... Mais faut-il le dire ?

– Quoi donc ?

– ... peut-être ces images de nos parents sont-elles pleinement réactivées en nous seulement quand ils meurent : alors ils redeviennent ce qu'ils avaient cessé d'être : de vrais Parents.

– C'est bien dommage il me semble.

– Mais c'est ainsi sans doute. Aussi faut-il tout au long de la vie à la fois « haïr » son père et sa mère réels, c'est-à-dire s'en séparer, et aimer son Père et sa Mère idéaux. Et le Maître l'a bien dit, mais ailleurs.[B] Et il est dommage que notre ami ne l'ait pas su. – Quant à la « vie » qu'il faut haïr...

– Eh bien ?

– C'est la vie ordinaire, banale. La vie essentielle au contraire s'ordonne au règne de l'Esprit. Cette vie spiritualisée, c'est la Mère idéale qui nous la donne, comme le Maître l'a dit encore.[B] Aussi je pense qu'il y a erreur ici. Haïr sa vie n'est pas courir au martyre, comme notre ami l'a cru, mais prendre acte de cette soif spirituelle d'une autre vie en regard de laquelle la première n'est rien, ne compte pour rien.

– C'est donc ce que tu veux lui dire ?

– Oui, et à bien d'autres aussi qui sont dans son cas. Tant on se trompe à entendre et agir trop vite, et à ne pas creuser et réfléchir davantage !

[A] Luc 14/26 : « Si quelqu'un vient à moi, et s'il ne hait pas son père, sa mère, sa femme, ses enfants, ses frères et ses sœurs, et même sa propre vie, il ne peut être mon disciple. »

[B] Évangile selon Thomas, logion 101 : « Celui qui ne récuse son père et sa mère comme moi ne pourra devenir mon disciple, et celui qui n'aime son Père et sa Mère comme moi ne pourra devenir mon disciple. Car ma mère m'a engendré, mais ma véritable Mère m'a donné la vie. »

GENÈSE D'UN FASCISTE

Vraiment cette ville est pourrie. Tous des larves. Pleine de fainéants, d'assistés, de prêts à mordre et d'enfants gâtés. De mon temps on n'aurait pas admis ça. Il faudrait un bon coup de balai, pour éliminer toute cette racaille. Et tu vas voir qu'encore il s'en trouvera pour fermer les yeux, pour pardonner…

Et celles-là, avec leurs si courtes jupes, leurs nombrils à l'air… De vrais appels au viol. Qu'il arrive… Ce sera bien fait…

Et ces gosses qui braillent, et ces jeunes qui bousculent… Où sont les parents ? À voir ce qu'on voit, on comprend ce qui se passe, ce qui va évidemment arriver. Ils ont bien raison, au fond, ceux qui veulent prendre des mesures... Vous allez voir bientôt… – Mais chut, je me comprends…

Je suis fatigué, je veux dormir. Me plonger dans le sommeil, lové au cœur de mon navire, chez moi, *cocooning*… Je m'y engloutirai, comme, au fond de l'eau, dévoré par un gros poisson… À quoi cela sert-il de se lever, de toute façon ? Vivement ce soir qu'on se couche…

Dormir, mourir… C'est pareil. Quand on voit ce qu'on voit… Autant s'étendre et tout oublier.

Chez moi, au moins, j'aurai ma tonnelle. De loin je verrai les hommes. De très loin. Comme des fourmis. C'est tout ce qu'ils méritent.

Je prendrai le frais, seul. Qui vit seul n'est pas en mauvaise compagnie. Le monde m'apportera ses petits dons, à moi tout seul. Les autres ne méritent rien de tel.

– En es-tu sûr ?

– Oui, absolument, j'en suis sûr, et si jamais je perds ce petit rien que j'ai, le monde est vraiment trop injuste. Au fond, c'est la mort que je préfère, non la vie, car qu'est-ce que cette vie qu'on ne peut mettre en ordre ? Un peu de morale, de discipline, que Diable... Quelle époque, quelle barbarie, quelle décadence ! – Seigneur, dans quel siècle m'avez-vous fait naître ? Ah, si j'étais vous... Et si j'étais vous... Je te les exterminerais bien tous. C'est tout ce qu'ils méritent. Ces étrangers, ces métèques, ces sauvages. Un bon nettoyage... Qu'est-ce qu'il attend, celui qui déblaiera tout ça ? Si ce n'était que de moi... Pas de quartier, pas de pitié. Vivement que ça arrive. Ça arrivera forcément, et alors si je peux aider... Ou au moins j'aurai prévenu, et je comprendrai.

Quand même, j'ai mal de voir ça, et ça me fait mal aussi au fond de moi, si j'y pense... Si c'est pas malheureux tout ça !

Mais je suis comme ça, de toute façon. Je n'aime pas les changements. Qu'est-ce que je peux faire alors ? Je penserai à moi, serai heureux pour moi, j'aurai mon petit plaisir, même bien petit, et sinon je mourrai. De toute façon la vie... Pour ce qu'on peut en attendre... Pas vrai ?

– Fais-tu bien de t'irriter ? [A]

[A] Jonas 3/10 : Dieu vit que les Ninivites ... revenaient de leur mauvaise voie. Alors Dieu se repentit du mal qu'il avait résolu de leur faire, et il ne le fit pas.

Id. 4/1-11 : Cela déplut fort à Jonas, et il fut irrité. Il implora le Seigneur, et il dit : « Ah! Seigneur, n'est-ce pas ce que je disais quand j'étais encore dans mon pays ? C'est ce que je voulais prévenir en fuyant... Car je savais que tu es un Dieu compatissant et miséricordieux, lent à la colère et riche en bonté, et qui te repens du mal. Maintenant, Seigneur, prends-moi donc la vie, car la mort m'est préférable à la vie. » Le Seigneur répondit : « Fais-tu bien de t'irriter ? » Et Jonas sortit de la ville, et s'assit à l'orient de la ville. Là il se fit une cabane, et s'y tint à l'ombre, jusqu'à ce qu'il vît ce qui arriverait dans la ville. Le Seigneur-Dieu fit croître un ricin, qui s'éleva au-dessus de Jonas, pour donner de l'ombre sur sa tête et pour lui ôter son irritation. Jonas éprouva une grande joie à cause de ce ricin. Mais le lendemain, à l'aurore, Dieu fit venir un ver qui piqua le ricin, et le ricin sécha. Au lever du soleil, Dieu fit souffler un vent chaud d'orient, et le soleil frappa la tête de Jonas, au point qu'il tomba en défaillance. Il demanda la mort, et dit : « La mort m'est préférable à la vie. » Dieu dit à Jonas : « Fais-tu bien de t'irriter à cause du ricin ? » Il répondit : « Je fais bien de m'irriter jusqu'à la mort. » Et le Seigneur dit : « Tu as pitié du ricin qui ne t'a coûté aucune peine et que tu n'as pas fait croître, qui est né dans une nuit et qui a péri dans une nuit. Et moi, je n'aurais pas pitié de Ninive, la grande ville, dans laquelle se trouvent plus de cent vingt mille hommes qui ne savent pas distinguer leur droite de leur gauche, et des animaux en grand nombre ! »

JALOUSIE

LUI (*lettre à son ami*) – Maintenant je la hais. Au fil du temps, notre relation s'est effilochée, et enfin elle s'est brisée, et cela à cause d'elle.

Je l'aimais beaucoup pourtant. Magique fut notre première rencontre : aussi j'ai voulu en éterniser l'atmosphère, me méfiant du temps qui passe et qui ronge tout. D'un commun accord, nous avions résolu d'être absolument l'un à l'autre, et pour cela de nous tenir à l'écart de tout ce qui pouvait empiéter sur notre intimité, et la détruire. Amis, relations professionnelles, voisins, famille, tout me semblait suspect, potentiellement dangereux. Aussi nous sommes-nous tenus isolés pour parfaitement nous appartenir, nous tenir à part. J'ai trouvé toujours très suspects ces prétendus amants qui mettent toujours des tiers entre eux : pourquoi ne se satisfont-ils pas d'être simplement l'un à l'autre ? De toute façon cela me convenait, et à elle aussi, qui n'avait pas élevé d'objection à cette disposition.

Malheureusement ces moments d'union parfaite ont été rompus par des intrusions de l'extérieur. Ce furent d'abord de longs coups de téléphone, auxquels elle répondait seule en se tenant à l'écart de la pièce commune, en se cachant de moi. Manifestement ils lui procuraient un plaisir dont je n'étais pas, et cela me froissa. Puis il y eut ces retards à revenir de son travail, qui m'ont préoccupé de plus en plus. Mais que dire à celui qui n'a pas éprouvé ce tourment ?

À la fin, je l'ai suivie, en prenant bien soin de ne pas me faire voir. C'est alors que je l'ai surprise.

Elle était attablée à la terrasse d'un café, en compagnie d'un homme, jeune comme elle, et auquel elle prodiguait manifestement beaucoup de marques de tendresse. Elle était si heureuse, si épanouie, irradiant d'un air que pour ma part je ne pourrais jamais lui inspirer... Quelle torture ! Et qui me dit aussi qu'elle n'a pas eu de semblables plaisirs avec d'autres que celui-là ?

De toute façon j'en avais assez vu. Sans un mot de plus, le soir même, je lui signifiai notre rupture.

Tout mon amour s'est maintenant changé en détestation. Comment celle que j'ai adorée a-t-elle pu ici se comporter ? Assurément s'il est ici un Droit, une Justice, ils sont pour moi. Si comme on dit l'amour est fort comme la mort, la jalousie, elle, est inflexible comme l'Enfer : ses flammes sont des flammes ardentes, comme un coup de foudre sacré. [A] Jaloux, certes, je le suis, mais ici au-delà de toute mesure, et il me semble divinement. [B] Je l'ai jugée pour ce qu'elle est : une traîtresse. Le prix de sa conduite retombera sur elle. Ses pleurs ne serviront de rien. Qu'elle prenne garde ! Elle ne sait ce que je suis encore capable de faire. C'est à moi qu'appartient la vengeance. [C]

*

ELLE (*lettre à son amie*) – Plains-moi, ma chérie ! Il vient de me renvoyer. Et je ne comprends pas ce qui l'a poussé.

J'avais remarqué depuis longtemps son application à me couper de toutes les relations extérieures à notre couple. Cet amour exclusif me flatta au début, car j'y mesurais la grandeur de l'attachement qu'il éprouvait pour moi. J'ai donc voulu lui faire plaisir, je n'ai pas eu l'idée de lui dire que ces mesures étaient excessives. Et puis j'ai pris l'habitude de communiquer au téléphone avec mes amies, ma famille, en m'isolant de lui, pour ne pas l'indisposer par ces interférences dont notre amour pouvait, selon lui, faire les frais. Mais je voyais bien qu'il n'était pas content de ces précautions que je prenais, pourtant par égard pour lui.

Et voici que maintenant il met fin à notre amour ! La journée avait pourtant bien commencé. J'étais heureuse d'avoir parlé, dans un café où il m'avait donné rendez-vous, avec mon cousin, avec qui j'ai de très bons souvenirs d'enfance, et que je n'avais pas revu depuis longtemps. Aussi, rentrée chez nous, j'ai reçu sa colère comme une douche d'eau glacée. C'est incompréhensible. Il semble qu'il m'ait condamnée sans que je puisse me défendre. Que lui est-il venu à l'esprit ? Peut-on s'ériger ainsi en juge ? De qui follement prend-on la place ? Et à quoi s'expose-t-on si on le fait ? Songe-t-il, lui qui m'a jugée sans fondement, qu'un jour peut venir où lui aussi pourra répondre à la justice ? Que celui qui juge s'expose à être jugé lui-même... D

*

L'AMI (*en réponse*) —Je ne puis t'approuver. Tu passes si vite de l'amour à la haine ! Les choses dans la vie sont bien plus complexes.

D'abord tu devrais avant de la condamner lui demander de s'expliquer. Peut-être y a-t-il là des choses qui t'échappent. On ne sait pas tout dans l'existence, pas plus que le tout des situations.

Aussi méfie-toi de la jalousie : elle est bien mauvaise conseillère. Elle tourmente celui qui en est l'objet tout autant que celui qui l'éprouve, persécuteur persécuté, bourreau mis lui-même au supplice. Et quant à la dire « divine » comme tu fais, c'est une vision religieuse bien archaïque, que je pensais fort dépassée aujourd'hui. Elle est même d'un fanatique, souviens-toi : littéralement un défenseur du Temple, jaloux ou zélateur (c'est le même mot) pour sa sauvegarde. Et en maintenir le langage comme tu le fais n'est pas raisonnable, et relève bien plus du réflexe que de la réflexion.

Pense de nouveau à celle que tu as aimée, ou que tu aimes encore, je ne sais, car la jalousie est plus de l'amour-propre que de l'amour. Songe que même si elle est coupable, comme on dit, mieux vaut dans ce cas pardonner qu'incriminer. Elle te le rendra au centuple. Le pardon ouvre à l'amour, et son refus à l'enfermement en soi, sans espoir d'ouverture : celui à qui on pardonne peu aime peu. [E]

Bon courage.

[A] Cantique des cantiques, 8/6.

[B] Exode 20/5 : « C'est moi le Seigneur, ton Dieu, un Dieu jaloux, poursuivant la faute des pères chez les fils sur trois et quatre générations... »

[C] Deutéronome 32/35 : « À moi la vengeance et la rétribution... »

> Romains 12/19 : ... il est écrit : « À moi la vengeance, c'est moi qui rétribuerai » – Parole du Seigneur.

JALOUSIE

> Hébreux 10/30-31 : Nous le connaissons, en effet, celui qui a dit : « A moi la vengeance, c'est moi qui rétribuerai ! »

^D Matthieu 7/1 : « Ne vous posez pas en juges, afin de n'être pas jugés. »

^E Luc 7/47.

LA PETITE VOIX

J'écoute. L'essentiel, on va me le dire. Je m'attends à quoi ? Qu'on crie, qu'on clame. Qu'on fasse la grosse voix. C'est naturel. On fait proportion d'habitude entre l'importance du son et celle de ce qu'il dit.

On m'a toujours crié dessus. J'ai eu peur, et ensuite ai obéi. Évidemment, ils savaient le pouvoir qu'ils avaient, ceux qui ainsi criaient. Moi aussi, si j'ai des enfants un jour, je leur crierai dessus. – Mais en fait j'en ai déjà eu, et je ne sais maintenant si mes cris ont servi à quelque chose. Jupiter tonnant… En étais-je mieux suivi ?

Les disputes aussi m'ont marqué, et les claquements de porte… Théâtrale est la vie. Comme si elle devait pour exister toujours se découper sur fond de cris…

Le vent des tourments m'a déchiré, pour mon malheur, pas pour mon enseignement. Les séismes du cœur aussi. Je n'en suis pas sorti grandi. Et le feu des passions : est-ce qu'il m'a fait mûrir ? De tout cela aujourd'hui je ne sais plus rien… Tonnerre, étonnement, vie hors des gonds : cela ne m'impressionne plus guère. C'est peut-être si banal… Laissons les autres y croire. C'est leur affaire.

*

… Elle est là, ne dit rien, ou si peu. Elle est présente, mais ne pèse pas. On ne s'attend pas à la sentir vivre, si pauvre, si modeste, si réservée, si absente peut-être, mais si indubitablement là. Quelle surprise dans ce calme… Qui s'y arrêterait ?

LA PETITE VOIX

Mais quelle force soudain s'y manifeste ! Se méfier de la petite voix. Du *murmure doux et léger*... [A]
Tout le reste passera. Mais à elle rien ne résiste.

L'écouter yeux fermés, avec infiniment de respect. Se voiler devant elle, qui dévoile tout.

Quand Élie l'entendit, il s'enveloppa le visage de son manteau... [B]

[A] et [B] 1 Rois, 19/11 : Le Seigneur dit : « Sors, et tiens-toi dans la montagne devant le Seigneur ! » Et voici, le Seigneur passa. Et devant le Seigneur, il y eut un vent fort et violent qui déchirait les montagnes et brisait les rochers : le Seigneur n'était pas dans le vent. Et après le vent, ce fut un tremblement de terre : le Seigneur n'était pas dans le tremblement de terre. Et après le tremblement de terre, un feu : le Seigneur n'était pas dans le feu. Et après le feu, un *murmure doux et léger*. Quand Élie l'entendit, il s'enveloppa le visage de son manteau, il sortit et se tint à l'entrée de la caverne. Et voici, une voix lui fit entendre ces paroles : « Que fais-tu ici, Élie ? »

L'AVORTON BELLIQUEUX

Que me veut-il ? Pourquoi aboie-t-il ainsi ? Je ne lui ai rien fait, et pourtant le voici tout hérissé de colère. Et que dois-je faire alors ? M'en aller. Le menacer ?

– N'en fais rien. Vois sa taille. Sa réaction est compréhensible. Vu sa petitesse, il te voit proportionnellement bien plus grand, il se sent inférieur, et il a peur. Sa peur le rend agressif, c'est normal.

–Tu veux dire que s'il était et se sentait plus grand, il n'aboierait pas ?

– Bien sûr. Plus sûr de lui, et sauf à avoir été dressé pour attaquer, il ne montrerait aucune inquiétude. La violence est toujours le fruit d'un sentiment d'infériorité et de faiblesse. Tout naturellement, qui a peur fait peur, et qui se sent mal fait du mal. Si tu veux le calmer, tu n'as qu'à t'approcher lentement et paisiblement, pour supprimer sa crainte. Violence de ta part appellerait violence, et toujours comme dit le proverbe plus fait douceur que violence. *(Un temps)* Mais laissons ce lieu, cette propriété inhospitalière aux marcheurs, continuons notre promenade, en remarquant qu'aucune pancarte ne nous prévient de l'aventure. CHIEN MÉCHANT ? Ou plutôt CHIEN RENDU MÉCHANT ?

– Il me semble que ce que tu viens de dire va plus loin qu'une simple histoire de chien...

– Évidemment. Cela peut s'appliquer aux hommes aussi. Par exemple, tu as pu entendre parler de l'Apôtre Paul ?

– Saint Paul ? Bien sûr, c'est lui qui a fondé le christianisme majoritaire, en instrumentalisant à sa façon le personnage de Jésus.

– Laisse ce dernier point. Sais-tu que son nom initialement n'était pas celui-là ? Il s'appelait Saül... Et que signifie celui qu'il a pris à la fin, celui de Paul ?

– *Paulos*, *phaulos* en grec, *Paulus* en latin. Cela veut dire *Petit*.

– Eh bien, comme notre petit chien à l'instant, il s'est senti *Petit*, et il s'est dit tel. Il a même été jusqu'à dire que Jésus, qu'il n'a jamais connu, lui est apparu comme une vision, à lui comme à un *avorton*. [A]

– C'est un signe d'humilité...

– Mais pourquoi pas de très grand orgueil ? Il y en a parfois dans tel ou tel abaissement. Il avait besoin dans la situation où il se trouvait d'une position d'exception, fût-elle suprêmement inférieure, pour se comparer aux autres apôtres, qui eux avaient connu Jésus. C'était sa propre part. Il l'a revendiquée.

– Mais je ne vois pas bien où réside l'agressivité dans son cas.

– Il n'est jamais sain de se déprécier ainsi. Car on fait payer aux autres l'abaissement que l'on s'impose et la frustration qu'il engendre. Vois autour de toi tous ceux qui s'imposent des sacrifices excessifs. Souvent ils le font payer, et très cher, à ceux qui en bénéficient. Mieux vaudrait pour eux qu'ils prennent davantage soin d'eux-mêmes, les autres y gagneraient de toute façon. Songe que si le moi est haïssable, aimer son prochain comme soi-même devient une atroce ironie. Qui n'est bon pour soi, n'est bon pour personne.

– Dis-m'en plus sur Paul...

– Eh bien, vois avec quelle violence il traite ses adversaires. Il s'emporte contre eux, les voue à l'anathème. Le terme hébreu qu'il y a derrière ce mot signifie le massacre des ennemis sur l'ordre de Dieu. Rien que cela ! Il prie le Seigneur (son Seigneur) de venir, ou menace ses auditeurs de sa venue imminente. [B]

Regarde aussi avec quel exclusivisme il fait les mêmes menaces à l'attention de ceux qui professent une autre Bonne Nouvelle, un autre Évangile que le sien. [C] Comment expliquer cette conduite, sinon en y voyant celle d'un emporté fanatisé ?

– Bref, plus petit est ou se sent le chien, plus fort il aboie.

– Exactement. N'oublie pas que certains religieux chez nous ont même été dits chiens du Seigneur (*Domini canes*) : les Dominicains. De toute façon tous les emportés du monde devraient réfléchir à cet exemple. Nous avons dans son cas la parfaite image d'un Avorton belliqueux.

[A] 1 Corinthiens 15/8.

[B] 1 Corinthiens 16/22 : « Si quelqu'un n'aime pas le Seigneur, qu'il soit anathème. '*Marana tha*' (Viens Seigneur, ou : Le Seigneur vient). »

^C Galates 1/8 : « Mais si quelqu'un, même nous ou un ange du ciel, vous annonçait un évangile différent de celui que nous vous avons annoncé, qu'il soit anathème ! »

id. 1/9 : « Nous l'avons déjà dit, et je le redis maintenant : si quelqu'un vous annonce un évangile différent de celui que vous avez reçu, qu'il soit anathème ! »

LA LAMPE DE TON CORPS

Elle monte dans le tram. Il y a beaucoup de gens qui s'y pressent, et elle a du mal à trouver une place dans la foule des voyageurs. Une fois en route, elle s'apprête à regarder dehors, quand soudain elle sent, instinctivement, un regard posé sur elle. Gênée, elle se retourne, et le voit.

Il la regarde en effet, mais d'un regard lourd, peu franc. Il fixe tantôt ses jambes, tantôt son buste, tantôt son visage, mais cette inquisition générale et appuyée la plonge dans un grand malaise, comme si elle était déshabillée en public, toute pudeur ôtée. Elle se sent rougir, et détourne le regard.

Que lui veut-il ? Va-t-il la suivre quand elle sera descendue ? Elle regarde autour d'elle, comme si elle prenait les gens à témoin. Dévisager ainsi, n'est-ce pas déjà envisager autre chose ? Que me veut ce regard lourd de sous-entendus ? Que va-t-elle devenir ? Qui l'aidera ?

Le tram s'arrête, et vite elle en sort. Elle fera le reste du chemin à pied. Par bonheur, il ne l'a pas suivie. Combien malades sont les gens, et combien tortueux leurs désirs ! Pourquoi toutes ces situations fausses ? Pourquoi ces ténèbres de l'équivoque ? Ne peut-on vivre simplement, au grand jour, sans la honte de la pudeur bafouée ?

*

La voilà maintenant chez lui, qui l'accueille avec un bon sourire. Elle se réfugie dans ses bras, et puis prestement se dévêt. Il la regarde avec amour, simplement et sans arrière-pensée, et elle se sent embellie par le regard de son amant. Réchauffée, rassurée peut-être aussi sur sa beauté, elle n'est plus la même. La voici transfigurée, telle Galatée animée par les caresses de Pygmalion.

Nue, toute pudeur ôtée, dans une grande lumière elle court vers lui.

Luc 11/34 : « La lampe de ton corps, c'est l'œil. Quand ton œil est simple, ton corps tout entier est aussi dans la lumière ; mais si ton œil est malade, ton corps aussi est dans les ténèbres. »

LA PENSÉE HUMILIÉE

Tu en viens, n'est-ce pas ? Y avait-il du monde ? Et comment a-t-il parlé ? T'a-t-il convaincu ?

– Sûrement pas. Il nous a fait comme à son habitude une longue harangue, d'un ton excessivement emporté, pour nous amener à penser comme lui. Mais en fait de vraie pensée, je crois qu'il l'a calomniée.

– Comment cela ?

– Penser, il me semble, suppose être libre de le faire. Nul ne doit nous y obliger, surtout si c'est pour nous contraindre dans un seul sens, pour arriver à une conclusion prédéterminée. Or c'est précisément ce qu'il a fait, tout au long de son discours.

– Sois plus clair. Qu'a-t-il dit exactement ?

– Voici : « Nous asservissons toute pensée, pour l'amener à obéir au Christ. » [A]

– En effet ! Mais dis-moi d'abord : ce Christ dont il est question, n'est-ce pas celui qu'il prétend lui être apparu un jour, après sa mort ?

– Oui, mais rien ne garantit l'histoire. Et puis s'il a vraiment existé, ce devait être un pauvre hère, pour avoir été mis en croix par les Romains, en un supplice infamant réservé aux esclaves. Mais ce que lui en a fait, et en fait constamment aujourd'hui est sans commune mesure avec ce qu'il a dû être en réalité. Il s'abrite en fait derrière des textes que sa religion d'origine lui a enseignés, où il voit la préfiguration de la venue de son Messie, en sorte que, comme je suis bien près de le penser...

— Je devine : tu penses que cette construction lui appartient en propre, c'est lui qui l'a créée de toutes pièces à partir de ses lectures et de sa supposée vision.

— Exactement. Et c'est donc à obéir à cette histoire inventée qu'il veut soumettre toute pensée. Cette ambition dépasse toute raison, ne le crois-tu pas ?

— Évidemment. Songe-t-il qu'il parle à des adultes, et qui plus est à des amoureux de la sagesse, à des philosophes, dans un pays dont les penseurs ont un renom qui s'étend partout dans notre monde habité ?

— Précisément. C'est ce qu'il a déjà refusé à l'occasion d'une précédente venue chez nous, lors d'une exhortation dans laquelle il a cité, une fois de plus, un passage de ses lectures où parle le dieu dont il se réclame : « Je détruirai la sagesse des sages, et j'anéantirai l'intelligence des intelligents. »[B]

— Pour qui nous prend-il, pour nous faire croire à de telles fariboles ? Ne sait-on pas que pensée et raison sont ce qu'il y a de meilleur en l'homme, et ce qui fait sa dignité ?

— Bien sûr, mais c'est ce qu'il récuse, en défendant ce qu'il appelle lui-même sa « folie », et qu'il met au-dessus de tout. Ne dit-il pas que c'est lorsqu'il est faible qu'il est fort ?[C] Une chose peut-être elle-même et son contraire ? Non, franchement, il est bon à exclure de toute société sensée.

— Mais quel écho ont ces paroles dans l'auditoire ?

– La plupart rient de lui. Mais j'ai peur que, la nature humaine étant ce qu'elle est, et la légèreté si répandue, certains ne s'entichent de ces discours insensés, simplement pour se différencier de leurs compatriotes. Rappelle-toi l'exemple d'Alcibiade, qui coupa un jour la queue de son chien simplement pour se faire remarquer dans la rue. On ne sait pas. Combien de fois voit-on un agité faire des disciples ! C'est si facile... Coup de tête, coup de cœur ? Les deux à la fois ? La raison y sombre. Mais ce n'est pas le plus grave...

– Quoi donc ?

– En nous apostrophant tantôt, il a voulu faire le compte de ses disciples. Et une fois ceux-ci ramenés non pas à la raison, mais à l'obéissance, il a laissé tomber son masque...

– Comment ?

– Voici ce qu'il a ajouté, immédiatement après sa parole pour asservir, comme il dit, la pensée : « Et nous nous tenons prêts à punir toute désobéissance dès que votre obéissance sera totale. » [D]

– Es-tu sûr ? A-t-il été jusque là ?

– Eh oui, dans ce qu'il a dit la menace affleure, et il n'est peut-être pas seulement question ici que de mots. Qui sait où cette phrase peut mener ? Quel visage aura la « punition » ?

– *(Un temps)* Ne t'inquiète pas. Ce n'est pas aujourd'hui que ses idées triompheront chez nous.

– Aujourd'hui non, sans doute. Mais demain ? Qui le sait ?

— Rassure-toi. En attendant, allons sur notre agora, et profitons des plaisirs que notre cité nous donne, privilégiés que nous sommes : *Non licet omnibus adire Corinthum.* [E]

[A] 2 Corinthiens, 10/5.

[B] Isaïe 29/13-14 : Le Seigneur dit : 'Ce peuple ne s'approche de moi qu'en paroles, ses lèvres seules me rendent gloire, mais son cœur est loin de moi. La crainte qu'il me témoigne n'est que précepte humain, leçon apprise. C'est pourquoi je vais continuer à lui prodiguer des prodiges, si bien que la sagesse des sages s'y perdra, et que l'intelligence des intelligents se dérobera.'

> Texte repris dans la Première Épître aux Corinthiens, 1/19 : Car il est écrit : 'Je détruirai la sagesse des sages et j'anéantirai l'intelligence des intelligents.'

[C] 2 Corinthiens 12/10 : « Car lorsque je suis faible, c'est alors que je suis fort. »

[D] 2 Corinthiens, 10/6.

[E] Il n'est pas permis à tout le monde d'aller à Corinthe.

LE DÉMON DE MIDI

Voilà. J'ai tout obtenu de ce que je désirais. Une bonne position sociale, une belle femme, de beaux enfants, une belle maison, et tout le reste. Un vrai modèle ! J'arrive à la moitié de ma vie, et j'ai toutes les raisons de me féliciter.

Pourtant je sens quelques grincements, non dans mon corps bien sûr (ce serait vraiment dommage), mais dans ce qu'il est convenu d'appeler mon âme. Ma femme, je la désire moins évidemment (c'est classique), et mes enfants m'insupportent souvent. Quant à mon métier, je ne vois pas de possibilité supplémentaire de promotion. De toute façon, je ne peux pas monter plus haut. J'ai tout.

Et je n'ai rien. Non de ce que je voulais avoir autrefois, mais de ce que maintenant je voudrais. Et que voudrais-je ? Je ne sais. Le dégoût me prend en tout cas de tout ce que je vois. C'est comme une lumière aveuglante, zénithale, exactement celle qui se répand à midi, et qui est le désespoir des photographes. Les plans ne sont pas séparés comme le matin ou le soir, et rien n'a de relief. Tout est écrasé. Les ombres sont minimales. Tout semble surexposé, brûlé jusqu'à l'anéantissement. C'est la malédiction du milieu du jour.

Au midi ou au mitan de ma vie, me voici sans plus aucun désir. Ou plutôt avec un désir vague que rien ne satisfait. Aussi je me vois fonctionnant machinalement ou mécaniquement. Bien sûr j'ai une certaine aura, qui tient à mon rôle public, mon métier de professeur. Mais tous ces auditoires consentants, ils ne voient pas la statue vide que je suis devenu. Ils me croient encore vivant, alors que je suis mort il me semble depuis tant d'années. Comme ces étoiles dans le ciel dont la lumière peut encore nous parvenir, mais qui sont mortes depuis longtemps. Là-dessus d'ailleurs ma femme et mes enfants pourraient en dire long. Voyez-vous, mon ami, il ne faut pas juger les gens sur le masque social qu'ils portent. Qu'y a-t-il derrière ce masque ? Voyez-les quand ils l'ont ôté : quand ils rentrent chez eux par exemple.

Longtemps j'ai été actif, et par là j'ai compensé des manques sûrement. Mais maintenant, arrivé au sommet, je sens qu'il me faut redescendre, changer d'allure, et cela je ne le veux pas. Que voudrais-je, sinon revenir en arrière, être à nouveau le jeune homme plein d'élan à qui s'ouvraient toutes les possibilités. Mais c'est impossible. Beaucoup de pièces sur l'échiquier ont déjà été déplacées, et le nombre des coups restant à jouer n'est plus bien grand. Bientôt finira la comédie. *Acta est fabula. Game over.* Échec et mat...

Un ami psychiatre à qui je me suis ouvert de mon état a parlé de décompensation. Mot bien savant. Je préfère l'acédie monacale, ou même simplement le mot de chute. Comme celle de tel colosse aux pieds d'argile. Le Roi est nu. Qui me relèvera ? [A]

– Ô mes chers livres : m'aidez-vous ou vous moquez-vous de moi ? Est-ce moi qui parle, ou vous qui parlez en moi ?

... La nuit passée, j'ai fait un rêve. J'étais sur une plage. Un adolescent au visage d'ange, comme ceux de Botticelli, venait me prendre la main, et nous entrions tous les deux dans la mer éternelle. Et là nous nous roulions ensemble dans les flots, unis l'un à l'autre. Puis je me suis réveillé, et je me suis souvenu de la fin de *La Mort à Venise*, le film de Visconti. C'est bien Tadzio qui m'avait visité, bel éphèbe aux blonds cheveux bouclés, parfaitement androgyne.

Te rencontrerai-je vraiment ? Tel jour par exemple, dans telle assemblée de mes auditeurs ? Certains jeunes gens que j'y vois ont la beauté du Diable, et ne s'en rendent pas compte, ce qui fait leur charme. Plus tard, ils comprennent leur pouvoir de séduction, et ce n'est plus pareil : leur sourire n'est plus aussi pur et franc. La coquetterie le corrompt.

Il me semble que si je fais cette rencontre, plus rien ne comptera pour moi. Sans doute abandonnerai-je ma maison, ma famille, tout ce que j'ai pour suivre mon Botticelli, mon Démon de Midi, qui me rendra tout au centuple. [B]

Que vienne donc le temps d'une chute heureuse et qu'enfin tombe le Masque ! L'Ombre passée ne me suivra plus, et je n'aurai aucun regret, faisant fi de tous les avertissements que je connais et qui prétendent nous en préserver...

[A] Psaume 119/28 : « Le chagrin [LXX : l'acédie] a fait couler mes larmes ; relève-moi selon ta parole. »

[B] Psaume 91/6 : « Tu ne craindras ni la terreur de la nuit, ni la flèche qui vole au grand jour, ni la peste qui rôde dans l'ombre, ni le Démon qui ravage en plein midi. »

LE MISANTHROPE CONFONDU

Donc tu n'aimes pas les hommes, et pour toi c'est comme s'ils n'étaient pas. Véritablement tu ne les vois pas. N'est-ce pas vrai ?

– Si. Et je crois bien que j'ai raison…

– Le crois-tu vraiment ? Et d'abord qu'est-ce qui te déplaît en eux ?

– À peu près tout. Leur hypocrisie, leur lâcheté, leurs abandons, leurs reniements… Au fond, je pense à ce sage antique, qui non plus ne les aimait pas. Ce philosophe cynique… Ce…

– Diogène ?

– C'est ça. Il se promenait dans Athènes avec à la main, en plein jour, une lanterne allumée. Et sais-tu ce qu'il disait ?

– « Je cherche un homme ! »

– Exactement. Il voulait dire qu'il cherchait quelqu'un qui fût digne du nom d'homme. Et il n'en trouvait pas.

– Mais lui il regardait les autres, il les scrutait. Et toi tu ne les vois même pas. Vis-à-vis d'eux, littéralement tu es aveugle.

– C'est vrai. Mais comment faire autrement ?

– Peut-être pourrais-tu essayer de les voir, non tels que tu les imagines en les condamnant ainsi, mais tels qu'ils sont. Ne peux-tu faire un effort ?

– Soit, j'essaie…

– Et alors ?

– C'est encore bien flou. Mais maintenant c'est un peu différent. J'aperçois les hommes, mais j'en vois comme des arbres, et qui marchent. ᴬ

– C'est normal. Tu ne peux tout voir clairement d'un coup. Tu dois t'habituer petit à petit. Progressivement. C'est une longue tâche, après s'en être éloigné, de revenir vers eux. Sois patient !

– Soit, c'est bien pour te faire plaisir…

– Songe qu'il y a dans l'homme autant à admirer qu'à mépriser. Tes contemporains te déçoivent, et cela je le comprends bien moi-même. Mais ce n'est pas une raison pour t'en séparer. Si j'étais un médecin, ou bien un romancier, je chercherais s'il n'y a pas quelque chose dans ton passé qui expliquerait ta désocialisation, le refus que tu fais de leur compagnie. Mais je m'en tiendrai là : foin d'inventions ! – Sois maintenant objectif. Ne peux-tu les voir autrement ? Regarde-les *fixement*… ᴮ Est-ce pareil ?

– Pas tout à fait. Je les vois autrement… Et même il me semble maintenant que je vois *tout distinctement*. ᶜ

– Et comment expliques-tu cela ?

– Je ne sais trop. C'est si brutal ! En tout cas il y a si longtemps que je n'ai parlé avec quiconque ! Tu m'as pris la main, et tous deux nous avons parlé : je te sais gré d'avoir ménagé ce tête-à-tête. Nous nous sommes éloignés des autres, et je suis heureux qu'aucun témoin ne nous ait entendus.

– On a si vite fait de parler de miracle ! Mais tu vois qu'à la différence de ce qu'on croit et dit, un changement, si complet soit-il, ne vient que petit à petit. C'est une question d'accoutumance…

– Me voilà bien embarrassé. Qu'est-ce qu'ils vont dire de mon nouvel état ?

– Surtout ne le chante pas sur les toits. Sois prudent. Reviens simplement chez toi. Reviens à toi, à ton toi profond. Tu as changé, c'est sûr, au fond de toi. Mais ne te vante pas de ce qui t'est arrivé. C'est bien assez que cela se soit produit. Les plus grandes choses se suffisent à elles-mêmes, et on les détruit si on les claironne.

[ABC] Marc, 8/22-26 : Ils se rendirent à Bethsaïda ; et on amena vers Jésus un aveugle, qu'on le pria de toucher. Il prit l'aveugle par la main, et le conduisit hors du village ; puis il lui mit de la salive sur les yeux, lui imposa les mains, et lui demanda s'il voyait quelque chose. Il regarda, et dit : « J'aperçois les hommes, mais j'en vois comme des arbres, et qui marchent. » Jésus lui mit de nouveau les mains sur les yeux ; et quand l'aveugle regarda fixement, il fut guéri, et vit tout distinctement. Alors Jésus le renvoya dans sa maison, en disant : « N'entre pas au village. »

LE MOMENT PRÉSENT

J'ai toujours aimé les bibliothèques. J'ai pensé que là se pouvaient trouver tout le savoir du monde ainsi que la réponse à toutes les questions. Elles constituaient aussi un refuge contre les agressions de la vie, un lieu où l'on pouvait trouver repos. Je vivais toujours à l'abri, protégé par une forteresse de livres.

Ils savaient bien des choses, ceux qui les avaient écrits. Il n'était que d'en prendre connaissance, pour en être enrichi. Le sens de tout sujet, la clé pour y accéder, tout cela se trouvait dans des pages imprimées.

Je voulus à la fois m'y perdre et m'y trouver, et effectivement je fis bien des découvertes, j'appris et reconnus bien des choses, rien de ce qui peut relever de la connaissance humaine, sur la terre et dans le ciel, ne m'échappa. Au moins me plais-je à le penser...

Aussi aujourd'hui, dans le dernier temps de ma vie, j'ai ma bibliothèque personnelle. Les livres sont toujours là, dos luisants, pleins d'invite. Lequel vais-je prendre et ouvrir, pour y renouveler ma dévotion et mon salut ?

... Un jet de lumière soudain manque de m'aveugler. C'est un rayon de soleil, qui passe à travers le rideau de la fenêtre, se reflète et se découpe sur le bois des montants et le biseau de la vitre. Qu'en ai-je à faire ?

Pourtant il grandit progressivement en importance, diminuant la présence des livres, et fixant définitivement l'attention.

Pourquoi, me dis-je, suis-je ainsi captivé par ce que je vois ? Pourquoi ce qui ne devrait être qu'un rien éphémère prend-il tant de présence à mes yeux ? Quelle leçon dois-je en tirer ?

Sans doute ai-je partagé depuis longtemps les choses en deux catégories : celles qui ont de l'importance, avec au premier chef les choses de l'esprit, et celles qui n'en ont pas, comme les aléas fugitifs de la vision, les phénomènes transitoires de mes sens : témoin ce que je vois et me retient maintenant. Mais n'est-ce pas là, finalement, mon tort ?

Car ce rayon, il a véritablement une présence indubitable. Il ne suffit que d'y consentir, et de le sauver de l'oubli par l'intensité de l'attention que je lui porte. Ébloui d'abord, ne puis-je pas maintenant être éclairé par cette découverte ?

Peut-être ai-je été jusqu'à présent un amputé de la sensibilité, un analphabète de l'Essentiel. Il y a là tout un pan de moi que je dois réhabiliter, et c'est ce que ce lumineux instant veut me dire.

Il me dit aussi que ce que je vis maintenant n'a pas à être subordonné à on ne sait quelle tâche future, qui serait plus importante. Non, seul existe, doit exister pour moi ce que je perçois ici et à ce moment, garantissant la remémoration que j'en ferai plus tard. Les projets vagues procrastinent toujours les choses, et empêchent de vivre le présent dans son inouïe manifestation. Et la plupart ne se réalisent jamais. Cesse donc tes grandes pensées, tes ambitions d'esprit : elles n'ont guère de substance et te détournent de la vraie vie. Désormais, vis l'instant dans sa plénitude. Pour enfin vivre.

Sans doute ce rayon victorieux de ton armée de livres t'avertit-il de la nécessité pour toi de changer ta vie, d'une *metanoïa*. Et il te menace d'un jugement si tu ne le fais pas. Jusque là, tu as été un acteur dans le Grand Théâtre, tu as revêtu une personnalité d'emprunt, un masque. Au sens propre tu as été un hypocrite, un acteur. Arrache-donc le Masque, cet oripeau qui te couvre, démantèle ton manteau, et vis enfin !

Aurais-tu tout le savoir du monde, pourrais-tu tout savoir de ce qu'on peut connaître sur la terre et dans le ciel, que tu ne saurais rien de l'Essentiel : l'éternité qu'on trouve et le salut, si on consent à s'y absorber, dans le moment présent. Occasion à saisir, il se suffit à lui-même, et point n'est besoin de le voir, ainsi que le font certains, comme prélude à autre chose que lui.

Réfléchis donc. Il est plus tard que tu ne penses.

Luc 12/56 : « Hypocrites, vous savez reconnaître l'aspect de la terre et du ciel, et le moment présent [*kairos*], comment ne savez-vous pas le reconnaître ? »

LE PAS DE CÔTÉ

Mélancolique comme à l'habitude, et plongé dans mes pensées, je marche sur le chemin qui jouxte le cours d'eau. Pourtant une étrange brillance là-bas m'attire, que je veux voir de plus près. Pour atteindre la rive, je n'ai qu'à faire un pas de côté.

Ce que j'ai vu, c'est le reflet de ces arbres dans l'eau... Pourtant tout à l'heure il était bien net, surface lisse et réfléchissante, régal pour les yeux, et maintenant voici qu'il se brouille, qu'il grimace. La cause sans doute est un coup de vent. Il en faut si peu, pour un tel changement !

Mais le génie du Symbole, qui m'est si familier, vient me visiter une nouvelle fois. Et si ce que tu vois voulait te dire quelque chose, au point où tu en es de ta vie ? Il faut prêter attention au moindre surgissement devant tes yeux, sous le moindre de tes pas, car peut-être n'y a-t-il pas de hasard...

Ainsi tu crois peut-être que le monde est ou au moins devrait être stable, ordonné. Et tu as bien souvent souffert qu'il ne le soit pas. Depuis ton enfance le monde fut désaccordé. Il t'a meurtri, t'a ôté la sainte confiance. Et maintenant encore tu fuis pour te protéger du désordre, et de la peur qu'il te cause.

Mais regarde ce qui vient de se produire sous tes pieds. Le même arbre dont tu admirais de loin sous le soleil le reflet pur, rassurant, incarnant un monde clos et stable et attestant pour toi son existence, voici qu'un coup de vent vient de le faire disparaître quand tu t'es approché. Tout à l'heure peut-être il réapparaîtra, et puis disparaîtra encore, sans fin.

Rien n'est stable, rien ne dure identique à soi-même. Il n'y a pas d'être. Tout est passage. Et tout s'écoule. Cesse d'aspirer à un monde solide et fiable. Toujours *elle passe, la figure du monde*. [A]

Maintenant, comment dois-tu te comporter ? Au lieu de fuir le désordre pour chercher un ordre qui n'existe pas, accepte tout ce qui vient à toi comme transitoire, impermanent. Et dans chacune de tes actions prends de la distance. Le pas de côté que tu viens de faire, fais-le à chaque instant dans ta vie.

Agis, mais toujours sous condition. Écris ou continue d'écrire, si tu veux, mais comme si écrire servait à quelque chose. Fais des projets, mais comme si les faire servait à quelque chose. Agis, mais comme si agir servait à quelque chose. Aie suffisamment de volonté pour entreprendre, et assez d'intelligence pour ne pas t'attacher à ce que tu entreprends. Pose tes actes, mais ensuite retire-toi. Ne t'attache jamais aux résultats, car ils ne sont absolument pas en ton pouvoir. Tu as déjà fait ton premier pas de côté, ton premier écart, tu as suspendu ta fuite. Le temps est venu pour toi, non pas celui qui annoncerait comme certains le prétendent la survenue imminente d'un quelconque salut extérieur, mais simplement celui qui te reste. Fais donc *comme si...* [B]

S'éloigne le passant, se promettant qu'il va désormais, dans sa vie, le devenir. [C]

[A] 1 Corinthiens 7/31.

LE PAS DE CÔTÉ

^B 1 Corinthiens 7/29-31 : « Voici ce que je dis, frères : le temps est écourté. Désormais, que ceux qui ont une femme soient comme s'ils (ὡς μὴ) n'en avaient pas, ceux qui pleurent comme s'ils ne pleuraient pas, ceux qui se réjouissent comme s'ils ne se réjouissaient pas, ceux qui achètent comme s'ils ne possédaient pas, ceux qui tirent profit de ce monde comme s'ils n'en profitaient pas vraiment. Car la figure de ce monde passe. »

^C Évangile selon Thomas, logion 42 : Jésus a dit : « Soyez passant. »

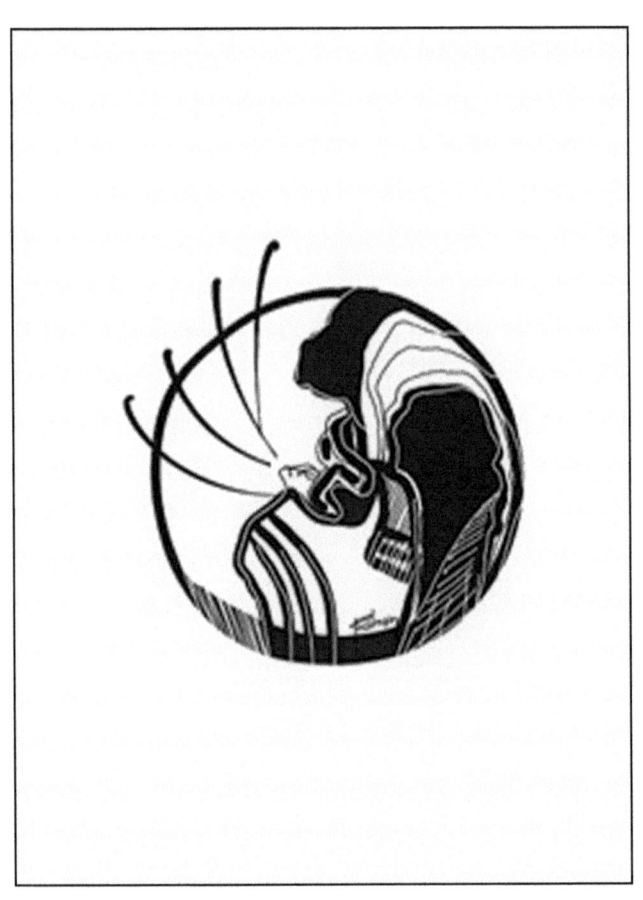

LE SILENCE DE L'AGNEAU

Qu'il est doux ce regard, et profond ! Aucun humain semble-t-il ne peut y atteindre. Vraiment les bêtes sont nos modèles, et c'est les calomnier que d'ignorer ce que veut nous dire leur langage silencieux.

Je t'ai vu naître, petit agneau, et j'ai vu aussi ton destin entre les mains des hommes : affronter la dure loi qui t'attend, promis que tu es au sacrifice final, pour complaire à leur désir et à leur vanité. Ils ont fait de toi un symbole, sur lequel ils ont reporté toutes leurs turpitudes, afin d'en être délivrés. Ton sacrifice, comme celui d'une victime expiatoire et volontaire, leur donne la preuve de leur rachat, et c'est ainsi qu'ils se figurent leur Sauveur. [A]

À ton image, il n'a pas protesté du destin qui lui était fait, déjà préfiguré dans un ancien texte. [B] Mais vraiment n'ouvriras-tu jamais la bouche à cette occasion ? Cela certes rassure les hommes de le penser. Mais est-ce vrai ? Ne vas-tu pas crier, te débattre ? Si c'est le cas, toute leur construction s'effondrerait. Ce serait comme si s'était débattu, à la vue du couteau, le fils sacrifié d'un Patriarche légendaire. [C] Rien de reste des meilleurs discours et des plus beaux mythes, devant l'horreur nue.

Sans doute les hommes doivent-ils mériter ton silence même, qui les réconforte. Et peut-être doivent-ils le bénir, s'il leur est accordé et leur procure la paix.

... Mais le prix à payer est fort cher. Tu aurais pu au contraire rester en vie, et c'était là ta chance de leur échapper. Car c'est mort qu'ils te veulent, pour se nourrir de ce que tu leur donnes. Vois ce qui se passe en effet : on ne mange que de la chair morte, et ce qui compte est la vie. Beaucoup vivent encore sans être vraiment vivants. Mais celui qui reste en vie, nul ne peut le dévorer, dans tous les sens de ces expressions. Il reste à l'abri, et il connaît paix et repos.

Je pense ici à ton frère, ou ton cousin dans une autre famille, assez éloignée de la tienne, ce qui est bien dommage. Lui aussi ne doit pas mourir, rester simplement en vie pour ne pas devenir cadavre, et pour ne pas être dévoré. [D]

Comme lui, rester en vie... Que peut-on souhaiter de mieux ? Et pourquoi n'en aurais-tu pas toi-même envie ?

[A] Jean 1/29 : Le lendemain, il [Jean-Baptiste] voit Jésus qui vient vers lui et il dit : « Voici l'agneau de Dieu qui enlève le péché du monde. »

[B] Isaïe 53/7 : Ce sont nos souffrances qu'il a portées, c'est de nos douleurs qu'il s'est chargé. Et nous, nous l'avons considéré comme atteint d'une plaie, comme frappé par Dieu et humilié. Mais il était transpercé à cause de nos crimes, écrasé à cause de nos fautes ; le châtiment qui nous donne la paix est tombé sur lui, et c'est par ses meurtrissures que nous sommes guéris. Nous étions tous errants comme des brebis, chacun suivait sa propre voie ; et Yahvé a fait retomber sur lui la faute de nous tous. Il a été maltraité, il s'est humilié, et n'a pas ouvert la bouche ; semblable à l'agneau qu'on mène à la boucherie, à une brebis muette devant ceux qui la tondent, il n'a pas ouvert la bouche.

Actes 8/32 : Et voici le passage de l'Écriture objet de la lecture : « Comme une brebis que l'on conduit pour l'égorger, comme un agneau muet devant celui qui le tond, c'est ainsi qu'il n'ouvre pas la bouche. »

[C] Genèse 22/10.

[D] Évangile selon Thomas, logion 60 : Ils virent un Samaritain emmenant un agneau et entrant en Judée. Il [Jésus] dit à ses disciples : « Pourquoi celui-ci tourne-t-il autour de l'agneau ? » Ils lui dirent : « Pour le tuer et le manger. » Il leur dit : « Aussi longtemps qu'il vit, il ne le mangera pas, sauf s'il le tue, et qu'il devienne un cadavre. » Ils dirent : « Autrement, il ne pourra pas le faire. » Il leur dit : « Vous-même cherchez un lieu pour vous dans le repos, de peur que vous ne deveniez cadavre, et que l'on ne vous mange. »

LE TOURISTE THÉOLOGIEN

Marsillargues est une petite ville, plutôt une grosse bourgade, du département de l'Hérault, en bordure du département du Gard, dont elle n'est séparée que par le fleuve Vidourle, connu par ses crues subites et dévastatrices. Elle n'est pas loin d'Arles, où pèlerinent tous les amoureux de la Camargue, avec ses taureaux, ses blancs chevaux sauvages et ses marais. Les Arlésiennes sont connues par leur costume traditionnel.

Il vient de lire la pancarte apposée au Syndicat d'Initiative. Tournant la tête, il avise maintenant une grosse bâtisse de belle allure : c'est le Temple de l'endroit. Il pénètre, pose à terre son sac à dos, et remarque l'imposante taille de l'intérieur. Beaucoup trop grand sans doute pour les paroissiens d'aujourd'hui. Y en avait-il beaucoup, autrefois ? Peut-être. Mais maintenant la désaffection des lieux de culte est bien grande, et on les transforme en salles de concert, quand ce n'est pas une dévolution quelconque au dieu actuel régnant, le Divertissement.

Le flâneur poursuit ses pas et ses réflexions. Une inscription sur un linteau en bois attire son regard : *Dieu est amour.* [A] Tiens, il y a là un progrès ! On est loin du « C'est à moi qu'appartient la vengeance » qu'on lit ailleurs. [B] C'est bien. Admirons !

Aussi bien me voici maintenant porté à toute mansuétude, et les hautes fenêtres ici laissent passer tant de soleil que rien ne pourrait, je pense, m'assombrir. La journée est si belle, la Camargue est si proche, avec son ciel immaculé et son mistral bleu, et les Arlésiennes...

Il se dirige vers le lutrin, au pied de la chaire, qui porte, bien étalée, une grande Bible. Et l'envie le prend de lire la suite de l'inscription qu'il vient de voir, et qui porte en son pied la référence d'où elle est tirée. Il cherche, tourne les pages, et puis lit : « Voici comment s'est manifesté l'amour de Dieu au milieu de nous : Dieu a envoyé son Fils unique dans le monde, afin que nous vivions par lui.» ᶜ

Il réfléchit. La parole d'un sage, en effet, peut nous faire vivre, et là encore je suis d'accord. Décidément la correction ici est belle de ce que je pensais être un très sombre christianisme !

Poursuivons : « Voici ce qu'est l'amour : ce n'est pas nous qui avons aimé Dieu, c'est lui qui nous a aimés et qui a envoyé son Fils en victime d'expiation pour nos péchés. » ᴅ

Son front se plisse. Certes, je comprends bien l'ambiguïté d'une expression comme « l'amour de Dieu ». Je sais bien la différence entre un génitif subjectif (l'amour que Dieu éprouve pour moi), et un génitif objectif (l'amour que j'ai pour Dieu). Que cela soit ici clarifié dans un de ces deux sens, soit ! Mais que vient faire la formule : « envoyer son Fils en victime d'expiation pour nos péchés » ?

C'est pour lui comme si un lourd nuage obscurcissait soudain ce qui était jusqu'ici si lumineux et encourageant. Tout le temple s'assombrit, comme vient de le faire son humeur.

Car enfin quelle image de ce Dieu soi-disant aimant nous donne ce troisième verset consécutif ? Celle d'un créancier dur et inflexible qui a recouvré sa dette, en n'hésitant pas à sacrifier ce qu'en principe un père a de plus cher. Mais alors, si Dieu a été payé par la mise à mort de son fils, il n'a pas pardonné. Car pardonner implique qu'on efface une dette, non qu'on la recouvre.

Levant la tête, il voit sur le mur nu une immense croix en bois, elle aussi nue (le supplicié, lecteur, n'y figure pas en protestantisme, à la différence du crucifix des catholiques). Elle est nue, mais la nudité la rend encore plus imposante. Voilà donc à quoi on aboutit toujours, à l'euphémisation d'une barbarie : la victime expiatoire mourant sur le poteau de supplice nous rachète au moyen de son Précieux Sang. L'échec se transforme en victoire. À partir de quoi pour se porter chance on se signe, ou on croise les doigts, ou on touche du bois.

Certes, je ne toucherai pas celui de cette croix. Je sais assez à quels renoncements elle mène. On porte sa croix, on souffre gémissant et pleurant dans une vallée de larmes et on chérit cette souffrance car on y expie une dette, et à la fin, la vie, on fait une croix dessus ! Et d'ailleurs certains ont refusé d'adorer les croix, comme tout près d'ici, à Saint-Gilles du Gard, les Pétrobrusiens, ou disciples de Pierre de Bruys. Et qu'on les ait décrétés hérétiques n'enlève rien à la pertinence de leur choix...

Il repense à son inscription initiale. Elle est donc amputée de sa suite. Quel danger y a-t-il à couper les textes de leur contexte ! Ne peut-on signaler cette anomalie aux paroissiens de ce lieu ? Et à tous ceux, innombrables, qui font de par le monde leur miel de cette citation tronquée, pour conforter un prosélytisme niais ?

Mais qui aujourd'hui s'arrête à ces infimes considérations ? Elles ne sont bonnes que pour les cuistres, les pédants, et nous en sommes bien loin !

Il reprend son sac, s'apprête à sortir, et refait mentalement le bilan de ce qu'il a vu. Il a vu la face obscure de Dieu : un créancier exigeant, dont les colères inapaisables sont sans doute aussi dévastatrices que les crues de ce Vidourle qui coule, là, tout-près. Et à côté cette grande croix nue et tragique, à laquelle évidemment il préfère les petites croix dorées qui ornent le cou des Arlésiennes.

Revenu, le soleil l'attend au-dehors.

[A] 1 Jean 4/8.

[B] Deutéronome 32/35.

[C] 1 Jean 4/9.

[D] 1 Jean 4/10.

LE VOLEUR JUSTIFIÉ

Ce n'était pas un méchant homme, mais sa profession l'exposait aux tentations. À la banque où il travaillait en tant que comptable, il voyait quotidiennement passer sous ses yeux d'importantes sommes. Ses collègues l'enviaient, certains le soupçonnaient même de pouvoir se servir à l'occasion. Que n'étaient-ils à sa place ? Il souffrait de toutes les rumeurs qu'il sentait rôder autour de lui.

Un jour, sur dénonciation anonyme, il fut dénoncé pour faux en écritures. Et le directeur le convoqua dans son bureau. C'était fini pour lui. Il était renvoyé. Avec menace de poursuites.

Le monde s'écroula sur sa tête. Qu'allait-il faire ? Son travail jusque là ne l'avait pas beaucoup usé, et il prévoyait qu'un autre ne lui donnerait pas autant d'avantages. Il n'avait pas le courage d'envisager la perspective d'une tâche qu'il jugeait au-dessus de ses forces. Il songea aussi à faire des démarches administratives pour recevoir l'aumône de quelques subsides. Mais aussitôt il se sentit humilié de devoir le faire, par rapport à ce qu'il avait connu, et la honte l'envahissait.

Alors, tel Archimède, il eut son *eurêka*.

Il consulta, dans le listing des clients de la banque, les noms de ceux qui se trouvaient dans l'obligation de devoir rembourser un prêt.

Il les convoqua à tour de rôle, il étala devant eux leur dossier, et il leur fit y modifier la somme restante, dans le sens d'une importante minoration pouvant aller jusqu'à la moitié du montant total. Il fut heureux de voir leur grande joie. Et ce qu'il escomptait arriva : il pouvait désormais compter sur leur reconnaissance. Il ne serait plus démuni et sans amis, puisqu'il venait de s'en faire à cette occasion. Il serait accueilli chez eux, et réconforté dans la disgrâce où il se trouvait. Aussi garda-t-il précieusement leur adresse, pour plus tard...

À quelque temps de là, il fut convoqué dans le bureau de son patron pour un dernier entretien, sans doute avant son incrimination. Terrifié, il s'attendait au pire. Et si la malversation était découverte ? Qu'allait-il lui arriver ?

Mais voici que son patron l'accueille avec un large sourire, et le félicite d'avoir bien agi.

Des paroles désormais se font entendre, qui le rassérènent. Le dommage fait à la banque, qui de toute façon s'en remettra, n'est rien par rapport au profit qu'il en a obtenu. La justice inflexible n'est pas tout. L'argent est un bon serviteur et un mauvais maître. Même volé, il doit servir à se faire des amis. Les relations humaines doivent avoir le premier rang, et il ne sert à rien d'être le plus riche du cimetière...

... Mais pourquoi maintenant ce flou soudain dans son esprit ? Pourquoi ces nuages qui le recouvrent, et estompent ce qu'il vient de vivre ? Pourquoi cet insidieux effilochement de toutes choses ?

C'est que progressivement il se réveille. Et la fin si belle de son histoire, il comprend maintenant qu'il l'a rêvée. Du funeste destin qui devait normalement l'attendre après ce qu'il a fait il a bien vu le bouleversement possible, et son horizon s'est merveilleusement ouvert.

Mais pourquoi s'est-il ensuite refermé ? Combien il aimerait alors que de la même façon le monde ancien disparaisse, et que toutes choses à l'image de ce qu'il vient de voir deviennent nouvelles ! [B] Qu'elles défient toute compréhension, toute morale et tout calcul hâtifs, toute logique aussi, qu'elles volent en éclats au bénéfice d'un espace tout nouveau : exactement comme dans la fin de son rêve, avec les paroles rassérénantes de son patron ! – Mais non, l'amertume le recouvre, et il se doute maintenant que le monde réel est autre.

Mais l'est-il vraiment ?

Au fond, qui le sait ?

Luc 16/1-9 : Il disait encore à ses disciples : « Il était un homme riche qui avait un intendant, et celui-ci lui fut dénoncé comme dilapidant ses biens. Il le fit appeler et lui dit : 'Qu'est-ce que j'entends dire de toi ? Rends compte de ta gestion, car tu ne peux plus gérer mes biens désormais.' L'intendant se dit en lui-même : 'Que vais-je faire, puisque mon maître me retire la gérance ? Piocher ? Je n'en ai pas la force ; mendier ? J'aurai honte ... Ah ! je sais ce que je vais faire, pour qu'une fois relevé de ma gérance, il y en ait qui m'accueillent chez eux.' Et, faisant venir un à un les débiteurs de son maître, il dit au premier : 'Combien dois-tu à mon maître ?' – 'Cent barils d'huile', lui dit-il. Il lui dit : 'Prends ton billet, assieds-toi et écris vite cinquante.' Puis il dit à un autre : 'Et toi, combien dois-tu ?' – 'Cent mesures de blé', dit-il. Il lui dit : 'Prends ton billet, et écris quatre-vingts.' Et le maître loua cet intendant malhonnête d'avoir agi de façon avisée. Car les fils de ce monde-ci sont plus avisés envers leurs propres congénères que les fils de la lumière. Eh bien ! moi je vous dis : faites-vous des amis avec le malhonnête Argent, afin qu'au jour où il viendra à manquer, ceux-ci vous accueillent dans les tentes éternelles. »

[B] Apocalypse 21/4-5 : Il essuiera toute larme de leurs yeux, la mort ne sera plus. Il n'y aura plus ni deuil, ni cri, ni souffrance, car le monde ancien a disparu. Et celui qui siège sur le trône dit : 'Voici, je fais toutes choses nouvelles.'

LES DEUX ENFANTS

Si tu m'avais vu, mon ami, dans ma jeunesse ! Aujourd'hui que nous voici, sur ce banc et dans ce jardin, assis côte à côte et portant le poids de nos années passées, combien pouvons-nous regretter ce qu'elles nous ont ôté ! Je pense que comme moi tu étais plein d'allant, voulant parcourir le monde et croquer la vie à pleines dents. Qu'il était grand ce monde alors, et maintenant combien petit est le nôtre ! Toutes ces belles années, je ne finirai pas de pleurer sur elles, et de m'attrister au spectacle de ce que je suis devenu.

– As-tu vraiment raison de pleurer ? N'embellis-tu pas ce que tu as connu, et n'assombris-tu pas ce que tu vis maintenant, en t'empêchant de goûter le seul présent ? Songe qu'il y a des vieillesses bien amères par défaut de vraie réflexion sur ce qui est arrivé et sur ce qui arrive. On s'y aigrit bien souvent, comme le vin resté au fond de la bouteille. Et beaucoup meurent sans avoir ouvert les yeux.

– Mais tout ce que je vois, par contraste, me montre mon passé tout plein de lumière. Regarde dans quelle époque nous vivons : les tags qui défigurent les murs de ce parc, les papiers gras qui traînent par terre, les cyclistes qui manquent de te renverser, les enfants qui te bousculent sans s'excuser, ou qui braillent à te casser les oreilles...

– Précisément. Il n'y a pas là que les enfants que tu vois. Tu peux t'y compter aussi.

– Comment cela ?

– Tes récriminations sur ton passé font penser aux caprices des enfants. Essaie de réfléchir davantage. Et si finalement tu étais resté un grand enfant ?

— Il me semble alors que la meilleure part est à moi. Ne faut-il pas rester un grand enfant, comme beaucoup le disent ?

— Attention, ne confonds pas tout ici. Il y a deux enfants, l'enfant infantile, dont tu as les traits aujourd'hui, et l'enfant spirituel, qui demande à vivre en toi mais que tu n'as pas encore reconnu. Si le premier condamne à la régression, qui tourne le dos à la vie, le second nous permet d'y progresser. Le premier nous immobilise, nous fait stagner, et le second nous fait avancer, nous met en marche. Si enfin tu acceptes sa main tendue...

— Mais comment devrais-je m'y prendre ? Je te trouve bien sévère aujourd'hui.

— J'essaie de t'aider. Tu sais bien, pour avoir beaucoup lu, qu'il ne faut pas regarder en arrière, sous peine de perdre l'essentiel. Songe à Orphée qui a perdu Eurydice pour s'être trop tôt retourné afin de la voir. Ou aussi Pirithoüs, l'ami de Thésée, qui n'a pas pu s'extraire à temps des Enfers où il s'était attardé. Et en changeant de sphère culturelle, songe à la femme de Loth, qui fut changée en statue de sel pour avoir voulu regarder derrière elle Sodome en flammes.[A]

Cette statufication, cette pétrification, guettent tous ceux qui ne font que regarder derrière eux. On pourrait appeler cela le complexe du rétroviseur. Vois ici ces jeunes cyclistes qui t'incommodent, dis-tu, et prends-en leçon. C'est simplement parce qu'ils avancent qu'ils ne tombent pas. Dans la vie c'est la même chose : il ne faut pas se retourner pour regarder en arrière, et il faut avancer pour ne pas tomber.

– Parle-moi alors de l'autre enfant.

– C'est un enfant archétypal, définitionnel, idéal si tu veux, mais dont les enfants réels ont maintes caractéristiques, et qui aussi t'accompagne depuis toujours, comme un Ange gardien qui veille sur toi.

– Comment cela ?

– N'as-tu pas eu dans ton enfance des moments parfaits, où tu t'es senti en harmonie avec tout ce qui t'entourait ? Ne dis pas le contraire, tout le monde en a eu. Moi le premier. Mais ensuite évidemment tout s'est désagrégé, du fait de l'usure du temps et des obligations de la vie d'adulte. Et on en arrive à cet état de stagnation qui est le tien aujourd'hui. Alors on ressasse l'ensemble de sa vie passée, qui en réalité n'est évidemment pas homogène dans la perfection, mais qu'on embellit par la distance qui nous en sépare. Et on pleure sur ce qui, croit-on, nous manque maintenant.

Mais c'est une illusion, un embellissement rétrospectif. Méfie-toi du « c'était mieux avant » en général, de cette mentalité d'« ancien combattant ». Arrête de décliner sur le mode plaintif le refrain du « Mais ou sont... » (*Ubi sunt ?*) – Personnellement je ne pleure pas sur l'ensemble de cette vie, à cause précisément de son hétérogénéité, dont je suis bien conscient, et ensuite parce que c'est parfaitement inutile, et nous empêche de goûter l'instant présent. Vois les frondaisons magiques de ce parc, transpercées des derniers rayons du soleil, écoute le bruit de ce jet d'eau, contemple les jeux de ces enfants...

– Je les vois. Mais ou est l'enfant intérieur dont tu parles ?

– Comprends que ces moments magiques que tu as connus dans l'enfance ne sont pas disparus à tout jamais. Ils restent au fond de toi, et sont pour toi le salut. Comme si tu as vu une fois le soleil, tu sais qu'il est toujours derrière tous les nuages : ils ont beau s'amonceler, tu sais qu'il y a quelque chose derrière, pour l'avoir un jour vu, ou même seulement entrevu. Il ne suffit que de le retrouver dans ta mémoire. Dans la vie, c'est toujours le souvenir qui donne un avenir, et on peut être pour avoir été. Aussi reviens à ton enfance – pas à la totalité bien sûr, mais aux éclairs que tu as vus ou aux pépites qu'elle recèle, enfouies dans la gangue du passé qui, lui, est révolu.

C'est maintenant que tu dois faire cette aventure, aller vers une Source de vie – qui est l'enfance archétypale. On dit toujours « Retomber en enfance ». Pourquoi ne dit-on pas « Y remonter » ? Que préfères-tu dans la vie : se laisser aller à vau-l'eau, comme un bois mort, ou remonter au lieu de ta naissance, comme un saumon vivant ?

– Pourquoi t'arrêtes-tu ?

– Je venais d'écouter les coups frappés à l'horloge de l'église voisine. Toi et moi pouvons bien les entendre maintenant, car le bruit des voitures qui les a couverts dans la journée s'est estompé dans le calme du soir. En réalité ces coups ont toujours été frappés depuis le matin. Mais on les perçoit mieux le soir, quand s'estompent tous les bruits environnants.

– Et alors ?

— Il en est de même pour nous : nous sommes au soir de notre vie, comme à la fin de notre journée, et c'est le moment d'écouter ce qui frappe à notre porte, qui a toujours été, là mais à quoi nous n'avons pas prêté attention avant.

— Pourtant ces enfants que je vois se disputent, crient, pleurent... Où est le modèle que tu dis ?

— Ne les juge pas trop vite. Ils recèlent en eux quelque chose de l'enfance définitionnelle. Pour te faire sourire dans l'état triste où je te vois, je pourrais bien sûr te citer des saillies amusantes, du type : « Rien ne remplace l'enfance, surtout pas les gosses », ou encore : « Quelle belle chose que l'enfance ! Il ne faut pas la laisser gâcher par les enfants ! » Mais de toute façon, malgré leur côté insolite ou incongru, il y a du vrai dans ces remarques. Elles opposent deux plans, l'essentiel et le circonstanciel. La vérité est que les enfants à certains moments peuvent être vraiment ce qu'ils sont, se trouver en adéquation parfaite avec l'Enfant qu'ils incarnent et dont ils nous donnent l'idée, et correspondre véritablement au modèle ou à l'archétype salvateur que j'ai évoqué. Ensuite, ils peuvent évidemment être insupportables, et comme dirait un humoriste ils font regretter que les ogres n'existent pas.

— Les miens en effet m'ont souvent insupporté.

— Tiens, celui-ci vient de nous envoyer son ballon. Rends-le-lui. Et observe-le bien. Vois comment il te sourit, et avec quelle confiance ! Aucun adulte, paralysé par les convenances et le masque social qu'il porte, n'a ce sourire. Là est l'Enfant essentiel, ici et à cet instant présent heureux d'être vivant, et entièrement occupé par son jeu, entièrement à ce qu'il fait. La peur à ce moment lui est totalement étrangère. Tandis que celle éprouvée par ses parents ne les quitte jamais. C'est à lui vraiment qu'appartient le Royaume, et serait-il nu, dépouillé des tous les vêtements et oripeaux sociaux, que rien pour lui ne serait changé. [B]

– En effet, je le vois, il semble entièrement absorbé dans ce ballon qu'il frappe et récupère, sans se lasser...

– Pour lui, un oui est un oui, et un non, un non. Tout le reste n'existe pas, ce reste diabolique qui fait perpétuellement hésiter, tergiverser les adultes, prisonniers de leurs projections mentales. Comme il faut l'envier ! [C] *(Un temps)* Mais veux-tu que nous nous levions maintenant, et allions faire une petite visite à l'intérieur de cette église dont le clocher vient de nous rappeler à l'ordre ?

– Dans quel but ?

– Je voudrais te montrer un tableau mural représentant saint Christophe, qui me semble très parlant pour toi, au point où tu en es. Tu y verras et comprendras que si Christophe comme le dit son nom porte l'enfant, en réalité c'est l'Enfant qui le guide et lui montre la route, lui permet d'avancer. Tu es (et moi aussi) dans cette situation : vieilli et chenu, comme Christophe, mais il y a sur ton épaule ton viatique, ton Enfant intérieur qui ne demande qu'à te guider.

– Allons !

[A] Genèse 19/26 : La femme de Loth regarda en arrière et elle devint une colonne de sel.

Luc 9/62 : « Quiconque met la main à la charrue, puis regarde en arrière, n'est pas fait pour le Royaume de Dieu. »

Id. 17/32 : « Rappelez-vous la femme de Loth. »

B Marc 10/15 : « Je vous le dis en vérité, quiconque ne recevra pas le royaume de Dieu comme un petit enfant n'y entrera point. »

Évangile selon Thomas, logion 37 : Ses disciples dirent : « Quel jour nous apparaîtras-tu et quel jour te verrons-nous ? » Jésus dit : « Lorsque vous vous départez de votre pruderie et prenez vos vêtements, les déposez à vos pieds comme les tout petits enfants, les piétinez, alors vous verrez le Fils de celui qui est Vivant et vous n'aurez pas peur. »

C Matthieu 5:37 « Quand vous parlez, que votre oui soit oui, et votre non, non : tout le reste vient du Malin. »

LES MASSACRES ORDINAIRES

Il vient vers moi, me sourit de toutes ses dents. Il a quitté sa balançoire, a vu sûrement quelque chose, sur le banc où je suis assis. Peu importe. Ce sourire sanctifie l'automne, et le jardin public.

– Viens ici, laisse tranquille le monsieur…

La voix est aigre, criarde. Rompue la magie, brisé l'enchantement. Et à la parole se joint le geste. Sans ménagement, une main tire l'autre : la grande entraîne la petite, tout le bras est arraché. La brutalité est telle qu'il titube. Peut-on rudoyer les anges ?

– Reste-là, ne bouge pas, etc.

Je n'écoute plus, je pense à ce qu'on m'a dit à moi aussi. Ne parle pas à des inconnus, garde réserve et modestie, baisse les yeux, détourne le regard. Sois comme les grands. Si chacun se sourit sans se connaître, où ira-t-on ?

Oui, où ?

Sois normal…

Normal ? Ignorer son prochain, ne rien voir. La cécité est-elle normale ?

Sinon, de quoi est-ce qu'on aurait l'air ?

Mais de quoi avons-nous l'air ?

… Des pleurs soudain. Mais qu'as-tu donc à tomber ? Fais attention… Évidemment les pleurs redoublent…

– Regarde, tu t'es tout sali. Et j'aurai à te laver ce soir. Tiens, tu l'as bien mérité…

La gifle ne s'occupe pas de la souffrance de la chute. Et s'il s'était fait mal en tombant ?

Les adultes tuent les innocents. Ne pouvant trouver celui qu'ils cherchent, qui se dérobe, qu'ils ont perdu : eux-mêmes, avant ? De dépit ils *entrent en grande colère* [A] : ils se vengent.

Mais de tout cela ils ne se doutent pas. Parents, éducateurs, professeurs, vous assassinez tout ce qui est à votre merci. Qui cherchiez-vous donc, avant ? Et qui mettez-vous à mort, faute de l'avoir trouvé ?

Laissez-moi rêver, ou cauchemarder. Aujourd'hui j'ai entendu *des cris, des pleurs et de grandes lamentations…* [B]

Ce cauchemar est sans fin. Tous ces enfants, ce massacre des innocents... Peut-on en guérir ?

Et je n'ai pas voulu être consolé, parce qu'ils ne sont plus. [C]

… Une feuille tombe sur mon livre. C'est bien l'automne. Déserte la vie, s'installe la mort. Le ciel déjà ne sourit plus.

Pas plus que l'enfant qui est venu vers moi.

ABC Matthieu, 2, 16 : Alors Hérode, voyant qu'il avait été joué par les mages, se mit dans une grande colère, et il envoya tuer tous les enfants de deux ans et au-dessous qui étaient à Bethléem et dans tout son territoire, selon la date dont il s'était soigneusement enquis auprès des mages. Alors s'accomplit ce qui avait été annoncé par Jérémie, le prophète : « On a entendu des cris à Rama, des pleurs et de grandes lamentations : Rachel pleure ses enfants, et n'a pas voulu être consolée, parce qu'ils ne sont plus. »

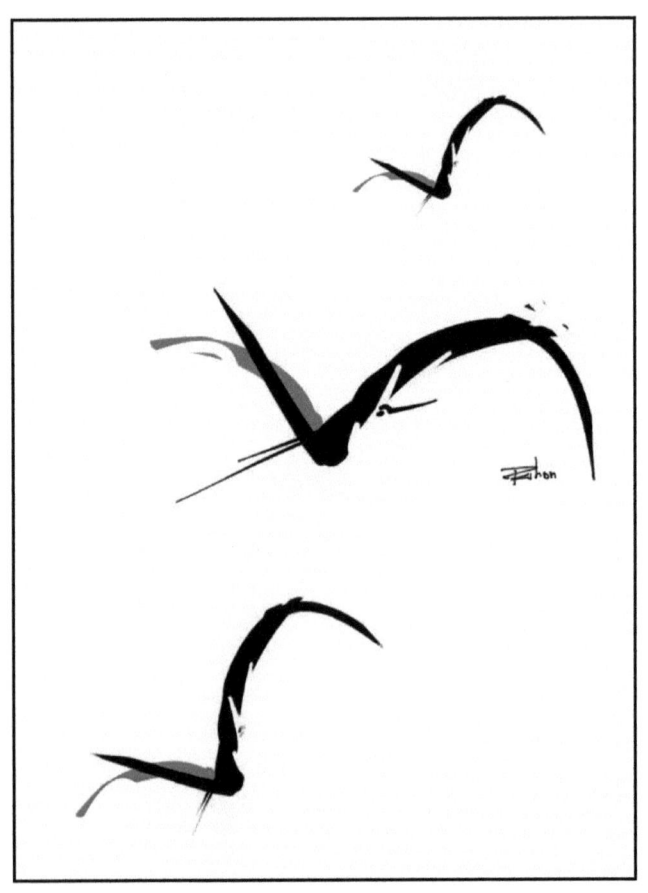

LES OISEAUX DU CIEL

VICTOR – Qu'il est beau ce monde ! Et ces terres et ces mers, et cet horizon qui toujours s'éloigne quand on veut l'atteindre, donnant l'idée de l'infini ! Et ce ciel, et ce soleil, le jour et la nuit, ces étoiles qu'on ne peut compter ! Tout cela me réjouit, et aussi me fait signe. Je crois que c'est bien pour moi que tout cela existe, c'est à moi que tout cela a été donné. Aussi dois-je le faire croître et embellir à ma mesure. Ma place centrale et privilégiée me l'intime, en me donnant une responsabilité particulière. C'est bien cela qui m'a déjà été ordonné, assorti d'une bénédiction : *Reproduisez-vous, devenez nombreux, remplissez la terre et soumettez-la ! Dominez sur les poissons de la mer, sur les oiseaux du ciel et sur tout animal qui se déplace sur la terre!* [A]

PRUDENCE – As-tu raison de vouloir ainsi dominer sur tout ce qui vit, et de vouloir remplir la terre ? En restera-t-il même assez, quand elle ne pourra plus vous nourrir, vu votre nombre ?

V. – Mais oui, la promesse m'en a été donnée. Et puis pourquoi, une fois la terre remplie, ne pas aller ailleurs, coloniser d'autres mondes ? Est-il une borne à notre imagination, et à notre pouvoir, à nous les hommes ?

P. – Des catastrophes peuvent en provenir, et je les vois déjà.

V. – Tu es trop timorée, tu es une femme, et moi un homme. Nous sommes bien plus hardis.

P. – Notre part est plus sage, et vous devriez en prendre conseil.

V. – ... Mais enfin, malgré notre distance, je consens à t'écouter. Que proposes-tu vraiment ?

P. – Un retrait de l'action, et un respect de l'ordre naturel des choses. Tu me dis que tu dois *dominer sur les oiseaux du ciel* [A]. Mais les as-tu observés ? Méritent-ils cet asservissement, ou au contraire ne nous montrent-ils pas une autre voie que celle où tu t'es engagé, et plus intéressante ? Regarde-les : *Ils ne sèment pas et ne moissonnent pas, ils n'amassent rien dans des greniers, et votre Père céleste les nourrit.* [B] À quoi te serviront tous tes efforts et tes grandes ambitions, puisque tu pourrais vivre heureux simplement dans la contemplation et la beauté des choses ? Ne te mets pas en souci. Penses-tu, *par tes inquiétudes, pouvoir ajouter un instant à la durée de ta vie ?* [B]

V. – Mais ta parole n'est-elle pas tout opposée à celle qui m'a été transmise, et aux conseils que j'ai reçus ?

P. – En effet. Il y a contradiction. Mais celui dont je tiens mon discours s'est lui-même opposé à celui que tu incarnes. Et la seconde voie, qu'il défend, est incompatible avec la première. Et ce, malgré ceux qui disent ou diront le contraire.

V. – Ne pourrons-nous donc nous réconcilier ?

P. – Je ne crois pas. Mais ce n'est pas une raison pour ne pas dialoguer... –Tiens, tu as noté que je suis une femme. Mon discours est donc naturellement féminin, comme la voix de qui je le tiens, qui fut rare dans son temps. N'a-t-il pas été jusqu'à se comparer à une Mère-poule ? [C] Tandis que ta voix, elle, est traditionnellement masculine, et ton héritage, patriarcal.

V. – Alors cette terre que je veux mettre en valeur, exploiter...

P. – Tu n'en es pas propriétaire, mais locataire, ou si tu veux usufruitier. Tu dois l'arpenter en simple passant.

V. – En passant ?

P. – Sois passant. [D]

[A] Genèse 1/28

[B] Matthieu 6/26-27

[C] Matthieu 23/37 « Jérusalem, Jérusalem, … que de fois j'ai voulu rassembler tes enfants comme une poule rassemble ses poussins sous ses ailes… ! »

[D] Évangile selon Thomas, logion 42

LES PRÉCAUTIONS INUTILES

Voilà. J'ai tout bien préparé. D'abord, faire le point sur soi-même. Y voir clair. Me ménager du temps, enfin, pour moi. Jusqu'à présent je me suis trop prodigué, ne me suis pas assez appartenu. Tout mettre en ordre enfin, en moi.

Aussi un lieu, où me sentir bien. Ce serait amplement assez, pour respirer. À chaque jour suffirait sa peine. Et la vie gagnerait en ampleur, en étendue. Tout se multiplierait, et les dons que j'ai, je les mettrais en valeur. Il faut prévoir, ne pas se laisser surprendre. J'ai bien lu quelque part un texte sur les talents, qu'il faut faire fructifier....

… Mais qui vient là ? Qu'est-ce qu'il murmure ? Je m'approche. Qu'est ce qu'il dit ?

Sa tenue est négligée, en tout cas. Il ne pense pas loin, lui. Un litre de vin et un sandwich, tout son bonheur. Dieu me préserve de cet état-là…

À moi les lointains buts, les nobles objectifs. Je vais faire de grandes choses. Je rentre chez moi, quitte cette ville de pulsions brutes, ce monde du laisser-aller. Je n'ai rien à voir avec ça.

… Ce qu'il est sale, ce qu'il sent mauvais…

D'œuvre en œuvre, je progresserai, ferai une Œuvre, laisserai quelque chose, au moins me reposerai ayant produit. Puisque c'est dû... Mais encore il murmure. Quoi ? Mais c'est le Diable cet homme-là…

Il veut m'opposer à moi-même, me diviser, m'embrouiller. Il n'y réussira pas.

... Toi de toute façon tu ne feras rien. Donc rien ne seras. Tu vois, je sais des choses, et toi pas. De tout cela je suis riche, tandis que tu es pauvre. Tu veux me tenter, sans profit. C'est classique comme scénario, mais nous ne sommes pas au désert. [A]

D'ailleurs ne changeons pas les rôles, n'inversons rien. Tu ne m'auras pas, ne me contrediras pas. Je me moque des voix cachées, viendraient-elles du Diable ou de Dieu... Tiens, je me penche, tu vois, je n'ai pas peur. Voyons ce que tu grommelles...

– Insensé, cette nuit même on te redemande ta vie... [B]

[A] Matthieu 4/1 sq. : Puis Jésus fut emmené par l'Esprit dans le désert pour être tenté par le Diable... – v. Marc 1/12 sq. et Luc 4/1 sq.

[B] Luc 12/16 : Et il leur dit une parabole : « Il y avait un homme riche dont la terre avait bien rapporté. Et il se demandait : 'Que vais-je faire ? car je n'ai pas où rassembler ma récolte.' Puis il se dit : 'Voici ce que je vais faire : je vais démolir mes greniers, j'en bâtirai de plus grands et j'y rassemblerai tout mon blé et mes biens. Et je me dirai à moi-même : Te voilà avec quantité de biens en réserve pour de longues années ; repose-toi, mange, bois, fais bombance.' Mais Dieu lui dit : 'Insensé, cette nuit même on te redemande ta vie, et ce que tu as préparé, qui donc l'aura ?' ».

MIRACLES

Il avait tellement été déçu dans tout ce qu'il avait entrepris, ou qui lui était arrivé, qu'il en était venu à voir dans la désillusion même la définition de toute vie. Il n'attendait plus rien de l'existence, ne voyant rien qui pût démentir la conclusion qu'il en avait tirée.

Un jour, comme son ami, le voyant si affirmatif, lui parlait de la survenue d'un miracle toujours possible dans la vie, il s'empressa de le démentir, en disant qu'à son sens le plus grand miracle était qu'on puisse encore en attendre un. Mais à lui cette croyance était interdite. C'était même pour lui une affaire de dignité personnelle. À l'hostilité toujours si manifeste du sort il ne pouvait qu'opposer un silence méprisant.

Mais l'ami déplorait cet entêtement. Il lui représentait qu'il n'est de miracle qu'intérieurement attendu, voulu ou espéré, qu'il n'est en quelque sorte, un peu comme Dieu lui-même, que la récompense de ceux qui le désirent. [A]

Mais il n'était pas convaincu :

– Donc à t'en croire ne peut nous arriver que ce que préalablement nous avons désiré ? Dans le but, bien sûr, de nous satisfaire ?

– Oui, et inversement, si nous ne désirons rien, comme un changement quelconque dans nos vies, il n'est pas étonnant que rien de positif pour nous ne puisse se produire. Tout dépend si nous sommes en disposition d'accueil, ou pas, relativement à ce qui pourrait nous combler.

– Ce que tu dis me fait penser à la méthode Coué d'autrefois, où il faut s'auto-suggestionner pour se sentir bien, ou encore à certaines techniques aujourd'hui de coaching, sportif ou autres, où la positivité du mental, l'optimisme de la disposition intérieure sont censés améliorer les performances.

– Pourquoi pas ? Ne sais-tu pas combien le seul désir de guérir peut faire régresser la maladie ? Et au contraire combien le défaitisme, le refus de se battre, peuvent l'alimenter jusqu'à la faire triompher ? Ainsi, s'agissant des miracles…

– Oui, je t'attends là-dessus.

– … ils sont gagés sur la confiance qu'on leur fait, sur le crédit qu'on donne à l'amélioration de son sort, au désir qu'on a de les voir se produire. S'il n'y a pas cette confiance minimale, ils ne se produisent pas. [B]

– … de sorte que dans le dernier cas nous sommes responsables de leur non-survenue, finalement de notre malheur.

– En un sens, oui. Souviens-toi de la parole de Jésus au père de l'enfant possédé, qui lui demande d'intervenir et de le délivrer du démon : « Tout est possible pour celui qui croit. » [C]

– Excuse-moi ici, mais à côté d'elle je te rappelle la réponse du père, qui vient juste après, et qui m'a toujours impressionné. Elle en constitue une correction importante : « Je crois ! Viens au secours de mon incrédulité ! » [D]

– Je comprends. Pourtant cette réponse ne montre que la complexité de la question qui nous occupe, l'importance des dispositions où l'on se trouve pour que survienne le miracle. Elle n'est pas un refus catégorique de la prendre en compte.

– Certes. Mais dis-moi. Toi, croyant, peux-tu continuer à dire que tout est possible à celui qui croit, alors que cet axiome peut être démenti non seulement par les faits ordinaires de la vie, mais encore par la voix de celui-là même qui l'a énoncé ?

– Je ne comprends pas. Explique-toi.

– Je fais allusion à la parole, dans le même évangile, concernant l'inconvénient qu'il y a à être riche si l'on veut entrer dans le Royaume. Aux disciples qui lui demandent : « Alors, qui peut être sauvé ? », il répond : « Aux hommes c'est impossible, mais pas à Dieu, car tout est possible à Dieu. » [E] Donc possibilité pour l'homme d'infléchir son destin dans un cas, et impossibilité dans l'autre. Quelle conclusion en tirer ?

– La contradiction n'est peut-être qu'apparente, car les contextes sont différents...

– Remercions donc, mon cher ami, le Saint Contexte, expédient majeur, et si précieux pour se sortir de toutes les situations !

[A] Hébreux 11/6 Or, sans la foi, il est impossible d'être agréable à Dieu, car celui qui s'approche de Dieu doit croire qu'il existe et qu'il récompense ceux qui le cherchent.

MIRACLES

[B] Matthieu 13/58 Et là, il ne fit pas beaucoup de miracles, parce qu'ils ne croyaient pas.

[C] Marc 9/23

[D] Marc 9/24

[E] Marc 10 26/27

MODERNISME

Il se voulait résolument moderne, et pensait que les anciens textes transmis par la tradition devaient toujours être dépoussiérés, adaptés à l'esprit du temps, pour mieux parler à leurs contemporains. Les cultures changent, évoluent. Pourquoi n'en serait-il pas de même avec ces Écritures dont on dit qu'elles donnent figure véritable à l'homme qui s'y reconnaît ? Mais encore faut-il qu'il puisse le faire, et pour cela il faut l'y aider.

Il trouvait d'ailleurs dans l'Écriture même un encouragement et une caution à sa néophilie. L'Apocalypse ne disait-elle pas : « Voici, je fais toutes choses nouvelles. » ? [A]

Fier de tous ces signes, il se mit résolument au travail.

Or il y avait en ce temps-là un mouvement revendicatif très important, qui trouvait qu'on n'avait jusque là pas assez donné d'égards à ce qui était pourtant une bonne moitié de l'humanité. Opprimée depuis toujours par l'autre moitié, elle exigeait qu'on lui donnât enfin sa part. À l'affût de tout ce qui pouvait laisser soupçonner la domination patriarcale, y compris dans les plus petits détails et les plus inattendus, son intransigeance et son absence d'humour faisaient du mouvement un ennemi redoutable.

La langue par exemple était le lieu de tous les combats. On s'était avisé qu'elle pouvait être le miroir de l'oppression. Et on avait proposé des dispositifs pour pallier l'exclusion, appelés évidemment inclusifs. Tel était l'état des esprits, dont participait notre néophile.

Il s'avisa donc que le *Notre Père* des chrétiens avait des relents patriarcaux, et qu'au surplus il pouvait choquer ceux qui avaient souffert de l'influence destructrice et abusive d'un père violent. Il convenait donc que modifier l'Écriture au moyen de la culture de l'époque, et en donner une version plus inclusive. Pour le début, il proposa : « Notre Père et Mère qui êtes aux cieux. » D'autant que pour cette féminisation il avait pour garant le texte du Credo, qui parle d'un Dieu « qui engendre ».

Puis, tout à son enthousiasme, dans la demande du *Notre Père* concernant le pardon il proposa d'inclure le féminin, et de dire : « Comme nous pardonnons aussi à celles et ceux qui nous ont offensé·es. » Pour justifier ce changement, il pensa qu'il était temps de traiter les femmes en adultes et de reconnaître explicitement qu'elles peuvent elles aussi nous offenser.

Dans son élan de néophyte il examina aussi la possibilité de cesser de nommer Dieu au moyen du pronom 'il', des termes non genrés lui semblant ici préférables, comme par exemple *Iel*.

Bref il était très content de toutes ces modifications, qu'il exposa fièrement sur Internet, dans un site à lui dédié.

*

Quelles ne furent donc pas sa surprise et sa déception quand il reçut le commentaire d'un Internaute, qui reprenait point par point son argumentaire et ses propositions, pour l'une après l'autre les critiquer.

Elles procédaient, était-il dit, d'un esprit tout à fait puéril. D'abord, si effectivement le contact des pères terrestres est parfois problématique et destructeur, le *Père* du *Notre Père* est le Père céleste ou « *des cieux* » comme le dit la suite du texte, et comme Jésus le nomme en maints endroits.

Il y avait donc là deux plans différents d'expérience : il ne fallait pas confondre le circonstanciel, le contingent, avec l'essentiel, le définitionnel, l'archétypal, dimensions existant aussi, qui s'attestent toujours dans l'esprit quand on les évoque. Sinon on ne comprendrait pas pourquoi l'enfant battu par son père peut tenir à l'image idéale qu'il conserve de lui. L'oublier est myopie.

Ensuite il ne fallait pas, même si on voulait défendre le féminin, prendre littéralement l'« engendrement » du Père, dont il est question dans le Symbole de Nicée. Il n'a rien à voir avec un engendrement biologique. Engendrer signifie adopter, et la parenté est spirituelle. Le mot est tiré d'un psaume d'intronisation, où ce sens est évident. [B]

Finalement, si on prenait comme il le faisait tout littéralement, on serait ramené à ce que disait en 1821 l'Archevêque de Paris Hyacinthe de Quélen : « Non seulement Jésus-Christ était fils de Dieu, mais encore il était d'excellente famille du côté de sa mère. »

Pour le pardon des offenses du *Notre Père*, là aussi le regard était celui d'un myope, qui manque de distance. Le « 'ceux' qui nous ont offensés » est générique, englobe évidemment 'celles', et on ne s'était pas avisé d'autre chose avant sa remarque.

Enfin connaître un peu de linguistique ne faisait pas de mal. Il y aurait appris que le signe est arbitraire selon les langues. Ainsi Esprit est féminin en hébreu (*Ruah*), neutre en grec (*Pneûma*), et masculin en latin (*Spiritus*). Il ne sert à rien quand tout est ainsi aléatoire d'invoquer, pour innover, la Culture contre l'Écriture, en se réclamant de la première – comme de même défendre la seconde pour la maintenir dans une seule de ses versions, à la manière des intégristes.

Il ferait bien, ainsi que ses collègues modernistes, de réfléchir au proverbe oriental : « Quand on montre la lune du doigt, le sot regarde le doigt. »

[A] 21/5

[B] 2/7

> Ce texte s'inspire de deux propositions véridiques :

– celle du professeur de théologie protestante Olivier Bauer en septembre 2022

– celle de l'archevêque anglican d'York en juillet 2023

Morts

Ils ne réfléchissent pas, ceux qui craignent de mourir. On meurt plusieurs fois dans la vie. L'être qu'on a aimé nous quitte, et c'est une vraie mort. Un téléphone qui ne sonne plus, les cris qu'on pousse dans une maison vide, la tête qu'on frappe contre les murs, ou bien au contraire les sanglots étouffés, le désir de ne plus voir personne, et dans tous les cas le sens profond de l'absence de sens, qui ne les a connus ! Ce qu'on a pensé devoir durer toujours s'est évanoui. Quelle trivialité dans l'habituel « Une de perdue, dix de retrouvées » ! En fait Monsieur de La Palice a raison ici : « Une de perdue, une de perdue » ! Tautologie vraie, et destructrice. C'est sans remède.

Et aussi quand l'amour nous quitte. Alors on a la perception profonde du néant. On ne peut pas aimer toujours. Que reste-t-il de la sidération initiale ? De miraculeusement visité au début, à la fin on se retrouve déserté. Tout passe, tout lasse, tout casse. C'est la rançon du temps. On l'a souvent dit : Chronos dévore ses propres enfants.

Et même si l'autre reste là. C'est le destin de bien des couples qui n'ont pas le courage de se séparer : l'un s'ennuie, et l'autre souffre. On peut faire encore chambre commune, mais on fait rêve à part. Et dans les deux cas toujours la mort, qui est disparition de l'Essentiel.

Que dire enfin de ceux dont la vie a détruit toutes les attentes, et à qui *rien* n'est arrivé ? C'est peut-être le pire partage. On pleure parfois ses illusions avec autant de tristesse que les morts.

Alors l'envie nous prend d'un sommeil sans rêves, où comme en un linceul on s'ensevelirait. Dormir, mourir, c'est pareil...

*

Je ne veux plus penser à rien. M'étourdir, m'anéantir puisqu'aussi bien j'ai connu le RIEN.

Mais pourquoi maintenant ce vieux souvenir, cette voix ? *Réveille-toi, réveille-toi, lève-toi, toi qui as bu, qui as vidé jusqu'au fond le calice de la coupe de folie !* [A] – Mais ce calice, je l'ai vidé jusqu'à la lie. Que m'importe d'y voir un châtiment d'un Dieu auquel je ne crois pas ! Et que me veut-on encore ? N'ai-je pas assez donné ?

*

Tu as tort. De toutes tes morts tu te relèveras. Fais donc confiance à la Vie, qui te prendra dans ses grandes mains. Saisis-en l'occasion. *Connais le temps : c'est déjà l'heure de se relever du sommeil.* [B] Ouvre tes volets. Sors de tes ténèbres, va vers la lumière : *La nuit est fort avancée, et le jour s'est approché.* [B] Certes je t'ai bien entendu, et compris. Tu es mort, soit, et aussi peut-être pourras-tu mourir encore, et bien des fois. Mais même dans ta mécréance, même si tu prends à ta façon les voix qui s'éveillent en toi, ne calomnie jamais la Vie. Fais donc encore une fois ton redressement, ta résurrection. Et ne fais pas taire cette belle Voix qui t'est revenue : *Réveille-toi, ô toi qui dors, et relève-toi d'entre les morts...* [C]

^A Isaïe 51/17 – Réveille-toi, réveille-toi, lève-toi, Jérusalem, qui as bu de la main du Seigneur la coupe de sa fureur, qui as bu, qui as vidé jusqu'au fond le calice de la coupe de folie !

^B Romains 13/11-12 – Connaissant le temps, c'est déjà l'heure de nous réveiller du sommeil, car maintenant le salut est plus près de nous que lorsque nous avons cru, la nuit est fort avancée, et le jour s'est approché ; rejetons donc les œuvres des ténèbres, et revêtons les armes de la lumière.

^C Éphésiens 5/14 – Réveille-toi, ô toi qui dors, et relève-toi d'entre les morts, et le Christ luira sur toi.

Murs

Encore un. Et celui-là il est bien haut. Bientôt dans mon lotissement il n'y aura que des forteresses. Chaque villa se protège, remonte son mur de clôture. De la rue on ne voit plus rien. Plus possible d'adresser la parole, d'échanger. Cette vieille dame pourtant, je la voyais vaquer à son jardin, soigner ses fleurs, arroser. Il y avait entre elle et moi comme une connivence tacite, entretenue par l'habitude. Et ce vieux monsieur avec son chien, qui faisait fuir le facteur, et qui pour moi en annonçait la venue… Chien sonnette, chien signal. Aboiera-t-il encore, derrière un mur si haut ?

Mais qu'est-ce qui leur prend donc, à tous ? Jusqu'où ne monterai-je pas ? *Quo non ascendam ?* Se sont-ils donné le mot, que tous ils fassent de même ? Les maçons doivent se frotter les mains…

– Mais vous ne savez donc pas ? Il y a eu des cambriolages récemment. Dans ce quartier. Si calme pourtant, si résidentiel : qui l'aurait cru ? Mais dans quelle époque vivons-nous !

– Cher voisin, vous tremblez de peur. Aussi faites-vous élever votre mur. Bien sûr je vous comprends. Mais réfléchissez qu'aucun mur n'est infranchissable. Les précautions mêmes peuvent se retourner contre vous. Allez, ne vous empêchez ainsi pas de dormir. Ayez davantage confiance : rien n'est mortel qui touche aux biens, de toute façon. Quoi qu'il arrive, le voleur pourra tout emporter, sauf la lune à la fenêtre…

– Je suis sûr qu'ils reviendront. On n'est plus tranquille, maintenant. Tout est sens dessus dessous. Rentrez vite, la nuit va tomber. Décidément, quel drôle de temps, aujourd'hui !

– Ou quelle tempête, diriez-vous ? Mais il y en a eu bien d'autres, et elles se sont calmées. Et sans doute à être aussi agressif, y ajoutez-vous de la violence vous-même. *Nous périssons !* [A], pensez-vous. Mais qui croit périr, périt de toute façon. Par certitude. Par *manque de foi.* [A] Ainsi vous barricadez-vous, vous-même autant que votre maison. Ouvrez-vous donc ! Bien sûr, je n'ose vous dire de laisser votre porte ouverte. Et pourtant, qui sait si, tous changeant d'attitude, le résultat ne surprendrait pas ? Au fond, qui sait tout, et le tout des choses ?

[A] Matthieu 9/23-26 : Il monta dans la barque, et ses disciples le suivirent. Et voici, il s'éleva sur la mer une si grande tempête que la barque était couverte par les flots. Et lui, il dormait. Les disciples s'étant approchés le réveillèrent, et dirent : « Seigneur, sauve-nous, nous périssons ! » Il leur dit : « Pourquoi avez-vous peur, gens de peu de foi ? » Alors il se leva, menaça les vents et la mer, et il y eut un grand calme...

Nom de baptême

À J., en souvenir de sa
métamorphose

Fais ceci, ne fais pas cela... C'est ainsi qu'il faut faire, qu'on a toujours fait. Sinon, de quoi est-ce qu'on aurait l'air ? Tu ne peux pas changer le monde. Suis la voie commune. Tu n'es pas comme les autres...

... Vie *commune* : vraiment... Vie toujours ensemble, et vie de tous. Le Mari relaie les Parents. On ne passe que d'un esclavage à un autre. Qui vive ? Âme morte... Assassinée.

– C'est pour ton bien. Nous savons mieux que toi ce que tu dois faire. Nous avons le droit de te l'imposer. Tous nos crimes sont des crimes d'amour.

... Je ne suis plus que la chose des autres, je ne suis plus moi, plus rien, plus. À ne plus rêver, on meurt....

– Soigne-toi : fais-toi soigner. Tu n'es pas normale avec toutes tes absences à notre monde. Tu gâches tout. C'est bien fait pour toi. Aussi mets la table, agite-toi bien, ne reste pas à ne rien faire. Sois ce rien qui fait tout dans la maison. Essuie la poussière. Millions de pas dérisoires. On compte sur toi. Ne les déçois pas, c'est là ton lot : Maîtresse de maison. À cela t'assigne le nom que tu portes : MARTHE.

... Tu pleures pourtant. Tes larmes te baptiseront (et pourquoi pas telle rencontre...). Cette eau te lavera. Tu portes tout, et n'es rien. Que la poussière que tu ôtes... Perds alors jusqu'à la poussière de ton nom. N'hésite pas. Enfin : sois celle qui regarde, qui écoute... Sois une autre, l'Autre que depuis toujours tu es. Elle t'appelle. Réponds-lui. Déchire ta chrysalide. Il est temps d'ouvrir yeux et oreilles.

Tu vois, c'est facile... Tu *vois*.

Tu entends ? Maintenant tu *entends*.

Tes antennes se sont déployées.

– Lui répondant il dit : Marthe ce n'est pas là ce qui compte... [A]

Tu prendras ton nouveau nom, le vrai, le tien : tu t'appelleras MARIE.

[A] Luc 10/38 : Comme Jésus était en chemin avec ses disciples, il entra dans un village, et une femme, nommée Marthe, le reçut dans sa maison. Elle avait une sœur, nommée Marie, qui, s'étant assise aux pieds du Seigneur, écoutait sa parole. Marthe, occupée à divers soins domestiques, survint et dit : « Seigneur, cela ne te fait-il rien que ma sœur me laisse seule pour servir ? Dis-lui donc de m'aider. » Le Seigneur lui répondit : « Marthe, Marthe, tu t'inquiètes et tu t'agites pour beaucoup de choses. Une seule chose est nécessaire. Marie a choisi la bonne part, qui ne lui sera point ôtée. »

Obéissance

Mon cher fils,

je t'envoie cette lettre car on me dit que tu as manifesté le désir, dans cette guerre qui ravage le monde entier, de ne pas t'engager et aller au front. Manifestement tu ne veux pas risquer ta vie pour sauver ta patrie. Je comprends ta réaction immédiate à cette perspective, mais je te prie de réfléchir plus avant là-dessus.

Vois. Si nos ancêtres et anciens avaient eu les mêmes refus et opéré la même désertion, où en serions-nous aujourd'hui ? Connaîtrions-nous la liberté, cette liberté pour laquelle beaucoup de nos prédécesseurs sont morts ? Ne penses-tu pas qu'il serait ingrat de ta part de ne pas les imiter ? Il me semble qu'on leur doit beaucoup, ne crois-tu pas ?

Songe aussi à l'utilité de beaucoup de sacrifices. Rien ne s'obtient sans eux. Ce n'est pas dans la sécurité que se font les grandes choses. Verser le sang même, ne t'en déplaise, a de tout temps permis la purification de toutes choses. La rémission de toutes souffrances ne s'obtient que dans l'épreuve qu'on accepte. Dure, certes, est cette loi, mais telle elle est : sans effusion de sang, il n'est pas de pardon. [A]

Crois-moi. Je te comprends, et crois t'avoir vraiment devant mes yeux. Je suis sensible à ce que tes amis m'ont rapporté, et que j'imagine bien aussi : à tes prières et supplications, avec grands cris et larmes. Mais si tu te soumets et obéis à cette grande loi, et si tu acceptes d'engager ta vie dans la circonstance présente, tu gagneras au centuple pour l'avenir. Songe à tous ceux que tu sauveras, et qui t'en seront éternellement reconnaissants. ᴮ

Réponse du Fils

Cher père,

ta lettre m'a crucifié. Je ne pensais pas qu'elle pût être si dure. Un Père peut-il ainsi envoyer son Fils exposer sa vie, avec des arguments si péremptoires ?

Tu le sais, je t'ai toujours senti auprès de moi, comme un tuteur et un protecteur. Mais je mesure ici le poids de cette puissance qui est la tienne. Pardon par conséquent pour mes prières et supplications, mes cris et mes larmes. ᴮ Je vois bien qu'ils n'ont aucun effet sur toi. Je ne sais si ma soumission et mon obéissance, comme tu dis, seront récompensés pour ce qui me concerne, et sauveront ceux qui viendront après moi. Pour l'instant, je vois combien il est dangereux de dépendre de toi : Il est terrible de tomber aux mains du Dieu vivant. ᶜ

ᴬ Hébreux 9/22.

ᴮ Hébreux 5/7-9 : C'est lui qui, au cours de sa vie terrestre, offrit prières et supplications avec grands cris et larmes à celui qui pouvait le sauver de la mort, et il fut récompensé en raison de sa soumission. Tout Fils qu'il était, il apprit par ses souffrances l'obéissance, et, conduit jusqu'à son propre accomplissement, il devint pour tous ceux qui lui obéissent cause de salut éternel.

[c] Hébreux 10/31.

ON NE RÉPOND PAS À SON PÈRE…

Pas de réplique ! La main levée accompagne la voix tonitruante. « On ne répond pas à son père… »

Ce pouvoir est absolu, discrétionnaire. Le pourquoi, on ne le saura jamais. Cela est. C'est comme ça, et c'est tout. Cela est, point. Rien à ajouter. Pas de justification, simple tautologie. Je suis ton père, et *je suis qui je suis.* [A]

Mais l'enfant ne comprend rien à tout cela. Papa, qu'est-ce qu'il y a, qu'est-ce que je t'ai fait ? Dis-moi, rends-moi compte. Au moins, si j'ai fauté, pardonne-moi, prends pitié…

Rien à dire. Je pardonne si je veux, j'ai pitié si je veux. C'est mon affaire, pas la tienne. *Je fais grâce à qui je fais grâce, j'ai pitié de qui j'ai pitié.* [B] Attention donc à ma colère, elle peut t'anéantir.

– L'enfant pleure, il ne comprend pas.

*

Puis il grandit, l'ancien enfant a naturellement à son tour des enfants. C'est un rôle à jouer, se dit-il. Il faut bien qu'il y ait une autorité. Les sociétés ne fonctionnent que comme cela. Où va-t-on si on discute ? Bien sûr, tout cela, il faut grandir, mûrir, pour l'apprendre. Aujourd'hui en tout cas je préfère une injustice à un désordre.

Alors recommence l'antienne. Tu m'embêtes. On ne répond pas à son père… De toute façon, c'est comme cela que j'ai été moi-même élevé, et mon père par mon grand-père. Est-ce que je m'en suis mal sorti ? Et puis j'ai mon pouvoir à préserver, je ne veux pas que tu me détrônes. Tu comprendras plus tard, quand ce sera ton tour. Tout père voit dans son fils son propre assassin (depuis Œdipe tout le monde le sait). Aussi depuis que tu es né tu as pris bien de la place ici, tu m'as beaucoup dérobé, beaucoup volé de ta mère : je ne l'ai pas supporté, et maintenant c'est toi ou moi, de toute façon. Pour l'instant le combat n'est pas égal, tu le vois bien.

Ne demande pas ma pitié : Je fais grâce à qui je fais grâce, j'ai pitié de qui j'ai pitié. [B]

Et puis n'oublie pas que je peux te briser : tu n'es que terre entre mes mains. Qui es-tu pour contester avec moi ? Que dira le vase d'argile à celui qui l'a formé ? [C]

– L'enfant pleure, encore...

*

On dit ensuite (les spécialistes, ceux qui savent) qu'il ne faut pas tout prendre au tragique, qu'il faut toujours contextualiser les paroles, qu'aussi la toute-puissance peut s'exercer dans tous les sens, que si la grâce est arbitraire, chacun peut en bénéficier, que ce qui n'est garanti à personne peut être donné à tous. Que *le soleil brille pour tous, méchants et bons* [D] n'est pas qu'ironique, ou absurde. Que chacun peut avoir sa chance, indépendamment de son mérite. Qu'on ne sait jamais, etc. Peut-être... C'est bien tourné en tout cas, bien subtil. – Mais l'enfant pleure toujours...

Aussi sachons lire dans le regard immédiat des enfants : incompréhension, imploration, certes, et très souvent. Mais un jour, peut-être, y viendra le mépris. Et à ce regard, si on ne répond pas à son père, que répondre ?

^A Exode 3/14 : Dieu dit à Moïse : « Je suis qui je suis. »

^B Exode 33/19 : Et il dit : « Je fais grâce à qui je veux faire grâce et j'ai pitié de qui je veux avoir pitié. »

> Cette parole est reprise dans Romains 9/15.

^C Isaïe 45/9 : Malheur à l'homme qui intente un procès à celui qui l'a façonné, lui qui n'est qu'un vase parmi d'autres vases de terre ! L'argile dit-elle au potier: « Que fais-tu? » ou : « Ton travail est mal fait » ?

> Cette parole est reprise dans Romains 9/20 : Ô homme, toi plutôt, qui es-tu pour contester avec Dieu ? Le vase d'argile dira-t-il à celui qui l'a formé : « Pourquoi m'as-tu fait ainsi ? »

^D Matthieu 5/45 : ... afin de devenir fils de votre Père qui est aux cieux, car il fait lever son soleil sur les méchants et sur les bons, et tomber la pluie sur les justes et sur les injustes.

OUI OU NON

Non, décidément non, je ne veux pas. On m'a tant proposé de choses nouvelles, et puis à la fin cela n'a pas marché. J'en ai assez maintenant. Si c'est pour recommencer un échec, merci bien. J'ai déjà donné. Ils me font rire, ceux qui craignent la mort, ce qu'il y a après. En vérité, on meurt tant de fois, dans cette vie ! Déceptions, blessures, éclats de voix, portent qui claquent. Ruptures aussi : un téléphone qui ne sonne pas… Combien de fois ? Et comment ne pas s'en souvenir ? À coup sûr ce qui a été sera, il n'y a aucune raison que cela change, et ceux qui disent le contraire sont des naïfs. Je vais donc rester chez moi et, comme dit l'autre, peiné peut-être mais peinard…

– Eh bien moi, j'y vais. Toute ma vie passée l'atteste : je suis l'homme des aventures, et quand on m'en propose une, je suis partant. C'est ma façon de voir à moi. Je hais ces âmes pusillanimes qui pour trop prévoir les suites des choses n'osent rien entreprendre. Croyez-moi sur parole : je n'en ai qu'une. Aussi me voici, et je réponds : Présent.

– Tout de même, est-ce que j'ai raison ? Bien sûr, je porte tout le poids de mon passé. Me voici humilié et honteux : sans doute fais-je honte aussi aux autres. Comme je me sens noir, sali par tous mes manques, mes hésitations, mes tergiversations ! À côté des autres si brillants, si pleins d'allant et d'assurance, assurément je n'ai pas d'allure. Mais est-ce définitif ? Si j'essayais une fois encore ? Cette voix négative qui toujours m'a accompagné, je pourrais la démentir. Ne serait-ce qu'une fois… Au moins j'aurai essayé, et si j'ai des remords après, au moins je n'ajouterai pas un regret de plus à tous ceux que j'ai accumulés. Enfin, pour cette fois, fût-ce peut-être la dernière, ce sera oui : allons-y...

– Tiens au fond, j'ai tellement prouvé par le passé, que je n'ai plus en cette occasion quelque chose d'autre à démontrer. Ma personne garantit mes actes, et donc un de plus ou un de moins, quelle importance ? Qui s'en apercevra ? Laissons donc cette affaire. Je crois bien être respecté de tous, je sais ce que je vaux et crois ce qu'on m'en dit. Je n'ai pas besoin, moi, de ressusciter de morts que je n'ai pas connues. Ce soin, je le laisse ici à d'autres. J'abandonne donc sans regret cette nouvelle occasion, qui ne serait pas plus par rapport à tout ce que je suis qu'une infime goutte d'eau dans tout l'océan. Je dis non.

– « Lequel des deux a fait la volonté du père ? » Ils répondirent : « Le premier. » [A]

[A] Matthieu 21/28-31 : Que vous en semble ? Un homme avait deux fils ; et, s'adressant au premier, il dit : « Mon enfant, va travailler aujourd'hui dans ma vigne. » Il répondit : « Je ne veux pas. » Ensuite, il se repentit, et il alla. S'adressant à l'autre, il dit la même chose. Et ce fils répondit : « Je veux bien, Seigneur. » Et il n'alla pas. Lequel des deux a fait la volonté du père ? Ils répondirent : « Le premier ». Et Jésus leur dit : « Je vous le dis en vérité, les publicains et les prostituées vous devanceront dans le royaume de Dieu. »

PAS DE CE MONDE

RÊVERIE AUTOBIOGRAPHIQUE

Il y avait la Mer, et, devant elle, le troupeau des Affairés.

Les Affairés pensaient à la mer comme à un décor, un agrément de leur existence.

Par exemple, quand un Affairé allait au bord de la mer, il ne pénétrait pas en elle comme en un Port, mais il lui suffisait qu'elle lui tînt compagnie, avant ses batailles futures.

Car les Affairés étaient de grands batailleurs.

De la sorte, personne parmi eux n'était plus capable de sentir que la Mer était *présente*. Ils l'avaient, au fond, véritablement oubliée. Et puis même, ils avaient oublié jusqu'à leur Oubli.

Et la Mer attendait.

*

Un jour, l'Homme vint, et il regardait loin devant lui, vers le soleil. Il n'était pas de la race des Affairés.

Il s'avança à la rencontre de la Mer, il courut vers sa Fiancée.

Et les noces furent éclatantes, dans l'eau verte et la poussière dorée.

Et le Monde fut aboli.

Au retour, du silence s'élevait une respiration régulière, loin du bourdonnement des Affairés.

*

Alors, la Femme s'approcha, et elle riait. L'homme ne savait pas d'où elle venait. Il la vit, il rit avec elle. Il la suivit, le cœur battant, infidèle.

Derrière lui dormaient les vagues, ses seules fidélités.

*

Il connut qu'elle était différente de lui, et il en souffrit.

Il connut que tout ce qui lui restait à connaître aussi était différent de lui, et il en souffrit.

Il vit la profusion contradictoire du Monde, et, pour s'y diriger, il y chercha des lois. De cela aussi il souffrit.

En somme, il vécut, il grandit.

*

De temps en temps, bien sûr, il regardait encore au loin, vers la Mer. Et la Femme en souffrait, car elle sentait bien qu'il pensait à sa Maîtresse.

Mais l'image de la Mer, en lui, se modifiait, progressivement. D'innocente et pure au début, voilà qu'elle devenait rieuse. Elle lui disait, gaiement, de raconter son histoire.

Et sa vie lui apparaissait, maintenant, comme des rochers invinciblement submergés d'écume, à marée montante, et la voix de la Mer était comme la musique de Mozart.

*

Un jour, il décida d'écrire, et voici ce qu'il écrivit :

« Et comme ils eurent beaucoup d'enfants, ils assassinèrent méthodiquement leur Âme. Et, comme tout le monde souvent – enfin, quelquefois – ils se demandèrent pourquoi. Et leur maison était belle, et leur chambre était inondée de soleil, et les meubles étaient de haute époque... »

Ce fut alors que la Mer fit en lui irruption, recouvrit tout de son éclat de rire, impérieux, dominateur. Apparemment elle se vengeait d'avoir été trahie.

Au milieu de ce rire, il pensa : « Les Sirènes ne chantaient pas, elles riaient. »

Mais maintenant, elles criaient. Alors il entendit le klaxon de l'ambulance, et il vit pénétrer les blouses blanches. Il riait toujours.

Il se trouvait au pays des Affairés, et les Affairés ne comprennent pas la musique de Mozart.

Il n'était pas de ce monde. [A]

[A] Jean 8/23 : « Vous êtes d'en bas ; moi, je suis d'en haut ; vous êtes de ce monde, moi je ne suis pas de ce monde. »

Pas seulement de pain

Sur le trottoir, un homme assis. Devant lui, une pancarte : « J'ai faim. »

Plusieurs passent sans s'arrêter, ni le voir. Mais quant à moi je suis dans un de ces rares moments d'inspiration, où l'on peut oser, tenter quelque chose. Moments divins, ou plutôt diaboliques, où une impulsion soudaine nous pousse à agir, sans trop qu'on sache pourquoi, au départ. Ils durent si peu, et donnent tant de jouissance... Profitons-en !

Depuis que tu attends en tendant la main, ne t'es-tu pas encore découragé ? Pourquoi t'obstiner ? Peut-il t'arriver encore quelque chose de ce que tu espères ? Crois-moi, tu ferais mieux d'injurier les gens qui ne t'ont rien donné. Pourquoi restes-tu encore dans cette attitude passive et résignée ? Qu'attestes-tu par là ? Ta dignité ? Mais où est-elle ? Et que vaut-elle ?

Tiens, je vais te donner mon obole, un gros billet, mais il faut que tu fasses un petit effort. Vois : je le pose dans ce caniveau qui nous sépare. Tu n'as qu'à te lever, te pencher et le prendre. Tu vois, je ne suis pas un méchant homme, au fond.

Mais pourquoi ne te lèves-tu pas ? Est-ce parce que l'eau est sale ? Mais songe à ce gros billet, enfin ! À tout ce pain que tu pourras acheter... Tu vas être à l'abri de la faim pour longtemps, tout de même. Laisse-toi tenter...

Et pourquoi me regardes-tu ainsi ? Je ne comprends pas ta réaction. Quelle leçon veux-tu me donner ? Est-ce que cela ne te suffit pas ? Que veux-tu me dire ? Qu'est-ce que tu grommelles ? Plus fort ! Je n'entends pas. Est-ce vraiment là ce que j'entends ?

« Va au Diable ! » [A]

[A] Luc 4/3-4 : Alors le Diable lui dit : « Si tu es le Fils de Dieu, ordonne à cette pierre de devenir du pain. » Jésus lui répondit : « Il est écrit : 'L'homme ne vit pas seulement de pain.' »

> Deutéronome 8/3 : L'homme ne vit pas seulement de pain.

Paternité

Ne crains pas. Je comprends ta peine. Sans doute as-tu peur du « Qu'en dira-t-on ? » Ils pourront te railler, comme un mari trompé. C'est si banal, si répandu... Mais est-on obligé de les suivre ?

Je suis là. Tu me vois en songe, mais je suis vraiment à tes côtés. Peut-être une partie de toi, la plus profonde. Continue de dormir, et écoute-moi.

Tu l'aimes, c'est sûr, et tu es un homme juste. C'est pourquoi ta décision est de ne pas, en la renvoyant en secret, la couvrir de honte en étalant sur la place tant sa faute que ton infortune. Cependant réfléchis. Que va-t-elle devenir sans toi ? Une mère sans mari, une femme perdue, montrée du doigt partout. Et puis cet enfant sans père, que va-t-il devenir lui aussi ? On dira de lui qu'il n'est que le fils de sa mère, sans mentionner le nom du père, comme il est d'usage. Vois : on dira qu'elle a été séduite par un étranger, pourquoi pas un soldat de hasard, issu des troupes occupantes. Tant de calomnies sur une innocente !

Enfin vois l'essentiel. Tu penses qu'issu d'une lignée si fameuse, s'étendant sur tant de générations, tu aurais pu avoir une autre place que celle d'un mari bafoué. Si c'est vrai, le catalogue de toute ta lignée, initialement exposé à tous dans le futur, se colorerait d'une grande ironie. Mais arrache-toi à cette vision : ni sang ni génération humaine n'importent ici. Cet enfant, tu en vas être le père, non pas celui selon la chair, ce qui est bien banal, mais le Père essentiel, celui qui adopte et qui élève, fait grandir. Celui aussi qui garde sa mère auprès de lui, pour lui éviter l'opprobre sociale et l'abandon désespérant. Le vrai Père est celui qui épouse, et que désigne le mariage.

Il n'est pas celui qui donne la vie au sens ordinaire. La plupart du temps les humains ne donnent pas la vie : elle leur est prise, au cours d'un bref instant de plaisir, et les chiens aussi donnent la vie dans ce sens. Tu n'es pas dans ce cas. Tu vas être le Père qui reconnaît pour sien et élève son fils. Peut-être même pourras-tu le prendre dans tes bras et l'élever solennellement au-dessus de ta tête, si cet usage, celui des occupants de ton pays, ne te déplaît pas. Combien différent est ce rôle ! D'un côté quelques secondes de plaisir, et de l'autre des années d'attention ! Vois où est le partage le plus profond.

Sur ce qu'il en sera de ton fils, je ne te dis rien. D'autres que moi t'en diront davantage. Simplement je t'appelle à devenir simplement en cette circonstance un être humain, qui joue son vrai rôle de Père, ne pas être à l'image de celui qui fuit, comme un animal une fois son plaisir assouvi, ses responsabilités. C'est bien assez il me semble pour l'instant.

Aussi, réveille-toi maintenant, et garde chez toi celle qui va être ton épouse.

Matthieu 1/18-20 : Voici quelle fut l'origine de Jésus-Christ. Marie, sa mère, était fiancée à Joseph : or, avant qu'ils eussent mené vie commune, elle se trouva enceinte par le fait de l'Esprit Saint. Joseph, son mari, qui était un homme juste et ne voulait pas la dénoncer publiquement, résolut de la répudier sans bruit. Alors qu'il avait formé ce dessein, voici que l'Ange du Seigneur lui apparut en songe et lui dit : « Joseph, fils de David, ne crains pas de prendre chez toi Marie, ton épouse... »

Petite

Promenade en campagne, notre chemin habituel, par une belle après-midi, et au diable les clichés, je ne veux plus être savant... Côte à côte nous nous étions serrés, marchions du même pas, dans notre silence ordinaire rempli de pensées. Au loin, le clocher de L., où nous rentrons. Le thé tout à l'heure sera la récompense.

Un bruit de pas, de voix. Où ? Derrière nous, et nous dépassant maintenant, un groupe de trois figures reconnues de dos enfin comme féminines, à droite une grand-mère apparemment, au milieu une petite fille, et à gauche la mère, sûrement. De front, s'avançant sur le chemin, mais de posture singulièrement contrastée.

La petite gambade, tournoie, virevolte : jamais en place. La grand-mère, beaucoup d'allant quand même pour son âge (c'est ce que je pense d'une façon bien sûr terriblement conformiste, mais peut-être aussi délibérée, et c'est aussi ce que je te dis, moitié pour voir si ta réaction sera semblable à la mienne, moitié pour te provoquer, espérant secrètement que tu ne seras pas de mon avis). Nous convenons en tout cas que dans son caleçon elle n'a pas la tenue traditionnelle des mères-grands... Il est vrai que nous sommes hors du temps.

Ce qui me frappe maintenant, c'est l'allure de la mère. Pensive, réfléchie, yeux baissés, elle marche avec sérieux. Drapée dans son manteau, comme pour s'y protéger. Sans doute a-t-elle des soucis. Pense-t-elle à son mari, son compagnon, son travail, son budget, que sais-je ? Peut-être à la femme qu'elle a été, avant de devenir une mère, et pour son mari ou quiconque d'autre la mère de ses enfants. Et si elle menait, comme à l'habitude, son deuil ? De jeune fille à femme mariée ou accompagnée, alourdie de progéniture, elle a changé de sphère. C'est le lot commun. Certaines s'en accommodent fort bien sans doute. D'autres, jamais.

Les trois silhouettes hiérarchisées, le groupe triangulaire, s'éloigne. Les trois âges de la femme, dans le tableau de Klimt. Ou la danse de la vie, de Munch, dont je te montrerai les reproductions quand nous serons rentrés. Au milieu, la femme, à gauche, la fillette, à droite, la grand-mère. Ou l'inverse, je ne sais plus, chez Klimt. Et chez Munch, le couple enlacé danse au milieu, avec à gauche la jeune fille qui attend, fait tapisserie, et à droite l'abandonnée, la délaissée, toute sombre. On attend et espère, on connaît enlacement et ivresse, et enfin on regrette. On chavire dans une vie bien provisoire entre deux soupirs, d'espérance et de nostalgie. Je te montrerai tout ça tout à l'heure, et on vérifiera ensemble.

Mais la petite fille continue ses bonds, harcèle Mamie qui se laisse faire, Maman qui reste sourde : l'entendra-t-elle ? J'aimerais bien. Elle se retrouverait petite, quand tout était possible, quand tout s'ouvrait. Sa fille, et elle-même ainsi retrouvée, c'est son salut. Comme elle l'est peut-être pour sa grand-mère, que décidément nous avons bien calomniée.

Et moi aussi je te voudrais petite, toi qui as tant souffert. Glorieuse, et non soucieuse. On ne tombe pas en enfance, on y monte. Retrouve-la donc, cette enfant que tu as été, et dont quelque fois tu me parles, mais pas assez. La parenthèse de ce qui a suivi se refermera, à jamais. *Nul, s'il ne devient enfant ne pénètrera dans le royaume des cieux.* [A]

Écrit le 10 mars 2002,
pour l'anniversaire de J.

[A] Matthieu 19/14 : Et Jésus dit : « Laissez les petits enfants, et ne les empêchez pas de venir à moi ; car le royaume des cieux est pour ceux qui leur ressemblent. »

Portes

Les hommes, je les connais bien : il n'y a rien à en attendre. Depuis tout ce temps que je les fréquente, toutes mes expériences m'ont confirmé leur méchanceté. Si je leur disais mes malheurs, la première moitié ne s'y intéresserait pas, et la seconde y trouverait plaisir.

On dit qu'ils viennent spontanément en aide à leur prochain. Ce n'est pas vrai. Je hais tout ce catéchisme. Que gagne-t-on à chercher leur compagnie ? À répondre à leurs invitations ? De toute façon sont-elles jamais sincères ? Y voit-on de vraies portes qui s'ouvrent ?

J'ai essayé pourtant en un temps. (Quel temps ? Il est bien loin de moi...) J'ai voulu m'ouvrir à eux, et mal m'en a pris. Leur porte s'est refermée, et quelle honte alors fut la mienne ! Demander, et ne rien recevoir... Il n'est rien de si humiliant. C'est fini : je ne m'y exposerai plus. Chat échaudé...

*

... C'est à elle que je pense maintenant. J'en attendais tout, et que le ciel qui s'ouvrit pour moi à notre première rencontre fût toujours radieux pour nous deux. Mais ce jour-là, sur notre banc dans ce jardin public, elle me fit rentrer dans le néant, avec de simples mots : « Notre histoire est terminée. » Aussi tous ses retours ensuite, je n'en ai plus voulu. J'ai bien retenu la leçon, je ne demanderai plus rien à personne, je ne veux plus mendier quoi que ce soit.

Parfois bien sûr je me demande ce qui se serait passé si j'avais réessayé un rapprochement : répondu par exemple à ses dernières lettres. Peut-être me suis-je découragé trop tôt, peut-être y avait-il un malentendu dans notre relation, un nœud que j'aurais pu dénouer au lieu de le trancher. Peut-être aussi le problème venait-il d'elle à ce moment, et non de moi, d'une situation qui la concernait et dont je n'étais pas au courant. Qui sait ? Peut-être n'ai-je pas assez *demandé*.

J'aurais pu aussi continuer le dialogue, après tout. M'informer des explications. Qu'avais-je à y perdre ? Au lieu de cela, au lieu de m'ouvrir, de faire confiance à la suite des jours, je me suis refermé. Coquille close... Peut-être n'ai-je pas assez *cherché*.

Et toutes ces portes refermées devant moi... étaient-elles si grandes, si majestueuses, si imposantes et infranchissables qu'elles me paraissaient ? Finalement ai-je eu raison de les croire fermées pour toujours ? C'est peut-être une imagination projetée sur elles, née de ma propre peur qu'elles ne s'ouvrent pas. Il fallait continuer, insister. À la longue, qui sait ce qui peut arriver ? Peut-être n'ai-je pas assez *frappé*.

*

Me voici donc ressassant un passé d'échecs, tombeau de tous mes rêves, promeneur mélancolique au moment du bilan. Il n'est pas bien reluisant...

... La vieille rue retentit de toutes rumeurs. Machinalement je lis les plaques des maisons, le nom des rues, les numéros... Sur mon désastre surnagent mes quelques brefs instants d'oubli enfantin et de curiosité. Tiens, qu'y a-t-il d'écrit sur cette plaque, à côté de la porte ? Je m'approche, je vais lire, je lis :

FRAPPEZ FORT !

Matthieu 7/7 – Luc 11/9 : « Demandez, on vous donnera ; cherchez, vous trouverez ; frappez, on vous ouvrira. »

PROIES POUR LA HACHE

Quel massacre ! Tous ces petits sapins jetés à bas, pour orner les salons pour les fêtes ! En tas, proposés à la convoitise, à l'entrée du supermarché. Les clients passent devant, emplissant caddies et magasins. Empliront-ils les églises à Noël, c'est une autre question...

Impitoyablement coupés, tombés sous la hache, les voilà proposés, à tant l'exemplaire. Orphelins de la forêt. Pathétique amas végétal, dérisoirement étiqueté.

— Attendez que je calcule... Avec la décoration, cela fera tant... C'est bien ce qu'il y avait dans le prospectus. Même ils sont en promotion. À moi ristournes, économies : comme ça je pourrai gaspiller davantage...

Les lumières, la musique, le déluge des victuailles, que désirer de plus ? Qui a dit que Noël était la fête de la pauvreté ?

— Quel gâchis ! Mais ils ne le voient pas. Heureux certes, ils le sont bien. Du bétail qui veut s'empiffrer. Je les hais. L'enfer moderne est là, dans les grandes surfaces. Du néant sous les néons. Laissez toute espérance, vous qui entrez...

— Mais nous voulons consommer. Nous sommes des hommes modernes. Qui a dit que tout était consommé ?

Au-delà de notre vie (notre vie !), nous ne voyons rien. Pas de lendemain. Toutes richesses immédiatement disponibles dans la ruée de la fièvre acheteuse.

Le petit sapin, arraché à sa forêt, tombé sous la hache... Et alors, il faut bien faire marcher le commerce...

– Je vous hais. La hache n'est pas que pour lui. Que savez-vous de l'homme, hommes petits et contents ? Vous faites des cadeaux à vos rejetons, à ceux que vous avez mis bas. Mais vous vous êtes mis bien bas. Et bientôt vous serez mis à bas. Vous ne plaignez pas le petit sapin. Voyez donc ici votre propre image. *Déjà la cognée est mise à la racine des arbres : tout arbre qui ne produit pas de bons fruits sera coupé et jeté au feu !* [A]

[A] Matthieu 3/7 : Mais, voyant venir à son baptême beaucoup de pharisiens et de sadducéens, il leur dit : « Races de vipères, qui vous a appris à fuir la colère à venir ? Produisez donc du fruit digne de la repentance, et ne prétendez pas dire en vous-mêmes : 'Nous avons Abraham pour père !' Car je vous déclare que de ces pierres-ci Dieu peut susciter des enfants à Abraham. Déjà la cognée est mise à la racine des arbres : tout arbre donc qui ne produit pas de bons fruits sera coupé et jeté au feu. »

Pudeur

Tout est calme dans la chambre. Un grand silence blanc. Seul s'entend le bruit régulier du respirateur. Il s'approche du lit, l'aperçoit. Des tuyaux partout, une perfusion s'égoutte régulièrement. Dehors le plein soleil. Personne dans les couloirs, sauf peut-être le pas occasionnel d'une infirmière. C'est dimanche.

Sa figure est changée, sans doute depuis la trachéo, qui lui fit perdre sa voix normale. Devant lui, il pense au passé. De lui il attendait beaucoup, ce guidage qu'il ne lui a pas donné. Il était si faible, proie de cet alcool qui l'a mené là !

Il lui en a voulu, et encore aujourd'hui un être en lui ne lui a pas pardonné. Inadmissible qu'il en provienne, il est si différent ! Il se souvient des scènes passées : railleries, moqueries, insultes, tout en lui a débordé contre lui. Longtemps... Il a voulu tout arracher, dévoiler l'imposture...

Il s'approche, la respiration existe, mais si ténue, si fragile. Son bras est bleui par les piqûres, le cathéter. Maintenant il ne peut plus lui faire de mal. Quelque chose de nouveau, balayant l'hostilité, quelque chose comme de la compassion, s'insinue en lui. Il le regarde avidement, mais sans doute pas comme avant.

Il remue, dévoile une jambe blanche, très maigre, à travers laquelle se voit l'os. Plus haut, le drap glissant de plus en plus, la vision devient impudique. Alors ses démons antérieurs tombent. Il n'est plus le même. D'un geste instinctif il ramène le drap, détourne les yeux. Et voici qu'enfin le vrai

Fils vient en lui, celui qui, yeux fermés et enfin ouverts, va s'ouvrir au pardon.

Comme son visage était détourné, il ne vit point la nudité de son père... [A]

[A] Genèse 9/20-23 : Noé commença à cultiver la terre, et planta de la vigne. Il but du vin, s'enivra, et se découvrit au milieu de sa tente. Cham, père de Canaan, vit la nudité de son père, et il le rapporta dehors à ses deux frères. Alors Sem et Japhet prirent le manteau, le mirent sur leurs épaules, marchèrent à reculons, et couvrirent la nudité de leur père ; comme leur visage était détourné, ils ne virent point la nudité de leur père.

QUI ÉTAIT-IL ?

Vraiment on ne pouvait savoir ce qu'il pensait, pas plus que prévoir ce qu'il allait dire, tant ses revirements étaient fréquents, et si importants... Moi seul, moi son ami secret, essayais de le comprendre, mais sans succès.

Voyez. Il commença par prêcher l'amour inconditionnel d'autrui, soit en se situant dans la droite ligne de la tradition qu'il reprenait simplement, soit en disant qu'il apportait, ce faisant, un commandement nouveau. [A] Mais était-il tout nouveau, vraiment ? Quelle en était la différence avec l'ancien ?

Souvent il se disait doux et humble de cœur, voulant apporter le repos aux hommes. [B] Quoi de plus beau en effet pour ces êtres souffrants que nous sommes dans nos pauvres vies ? C'est en lui ce que j'aimais, tout en appréhendant que cela parût aux hommes brutaux une marque de faiblesse.

Il nous invitait à voir en nous-mêmes le Royaume qu'il prêchait. [C] Combien beau était ce conseil ! Car que peut-on espérer de mieux que de trouver en soi les ressources suffisantes pour affronter les périls de la vie ? Point n'est besoin de se mettre à la merci d'un guide extérieur, ou de se fondre dans l'anonymat d'un groupe, pour se diriger dans l'existence. Pourquoi chercher à l'extérieur de soi une lumière que l'on a dans sa main ?

Je remercie mon Maître de ne pas avoir voulu en être un pour ceux qui l'écoutaient. Son appel à voir l'Essentiel en eux-mêmes les a rendus à la liberté, les éloignant définitivement de tout groupe ou de toute Institution. Au moins pourrais-je espérer qu'il en sera toujours ainsi...

Et pourtant ces bienheureuses paroles de paix, il les a abandonnées en se mettant en colère.[D] Il a brandi le glaive, annoncé guerre et violence, et ses imprécations semblaient vouloir mettre le monde à feu et à sang. Je ne le reconnaissais plus.

Il a pris un nouveau visage, celui de la menace, promettant même le bûcher à ceux qui ne le suivaient pas.[E] Il a évoqué le Jugement qui attend les désobéissants, pour les terroriser. Mais peut-on tenir à la fois un langage d'amour et un langage de colère, voire de vengeance ? Où était son unité alors, et sa personne même, dans quel langage devions-nous le reconnaître ? Nous étions désorientés.

Et enfin est apparu son troisième visage : désormais non-violent, et non plus exalté, il a voulu courir au-devant du sacrifice, se laisser tuer comme un agneau, émissaire des péchés du monde.[F] Ceux mêmes qui voulaient l'épauler dans sa tâche n'ont rien compris à ce dernier revirement. Celui qui portait le fer et le feu dans le monde, voici qu'il décidait maintenant de déposer les armes, de mettre bas le glaive ! Par le glaive, disait-il, devaient périr ceux qui le portaient.[G]

Pour prendre cette dernière voie, il a semble-t-il lu un ancien texte de la Tradition, où il est dit qu'un homme écrasé de souffrances se laisse maltraiter sans ouvrir la bouche, pour racheter les fautes d'un peuple détourné de Dieu.[H]

Personnellement je ne sais si ce silence est possible, autant que celui d'un agneau réel dans la même situation. S'il se débat et crie, s'écroule toute cette paradoxale construction, qu'un de ses disciples obscur et vague, qui ne l'a jamais vu et à qui, à le croire, il est apparu, a élaborée le premier, et dont j'ai bien peur que beaucoup la reprennent dans l'avenir. ⁱ

... Ô vous qui m'écoutez, laissez-moi maintenant lui parler directement.

S'il est vrai, ô mon maître, que tu as voulu ainsi mourir sans te défendre, permets-moi de n'y rien comprendre. Car pour ceux qui se réclameront de toi ton éloge du sacrifice légitimera la résignation, et invalidera la révolte. La frustration deviendra la norme. La société aura tout à y gagner, et chacun de nous, tout à y perdre. Il mourra au sein même de sa vie.

Pardonne-moi de douter du bien-fondé de ton dernier choix. Permets-moi de te rappeler ton évolution. Tu as été d'abord aimant, doux et humble, invitant à trouver l'essentiel au fond de nous-mêmes ; puis colérique, emporté et menaçant ; et enfin, au moins selon ton obscur disciple visionnaire, une victime expiatoire. Où et quand as-tu été toi-même ? Et ces changements si brusques se succèderont en seulement quelques lignes écrites par un qui se réclamera de toi, dans un passage dépourvu de toute cohérence. ʲ

Je me souviens maintenant de ce qui s'est passé à la fin. Comme tu n'avais pas le courage de mener ton suicide à son terme, c'est moi qui t'ai aidé, en te trahissant comme ils disent. Mémorable baiser, sans lequel rien ne se fût produit qui changeât le futur ! J'ai été le marchepied qui t'a permis de t'élever. J'ai été maudit pour l'éternité. Je ne le regrette pas. Simplement j'aurais aimé que le sacrifice que j'ai consenti pour t'aider me permît d'y voir plus clair en toi.

Qui était-il ?

Quoi qu'il arrive maintenant, je reste ton meilleur disciple, ton ami d'élection, ton affectionné

Judas...

[A] *Tradition :* Lévitique 19/18 et 19/34 – Matthieu 19/19 et 22/39 ; Marc 12/31 ; Luc 10/27.

Commandement nouveau : Jean 13/34-35.
[B] Matthieu 11/29-30.

[C] Luc 17/20-21.

[D] Matthieu 21/12-13.

[E] Jean 15/6.

[F] Jean 1/29.

[G] Matthieu 26/51-52.

[H] Isaïe 53/3-7.

[I] 1 Corinthiens 15/3-4.

[J] Luc 17/20-25.

Responsable ?

De toujours la sécurité l'avait fui, et il ne put donner à rien sa confiance.

Il s'enferma dans une peur générale du nouveau, et son espace fut très contraint. Seuls les livres le protégeaient, ceux à lire d'abord, puis ceux à écrire.

Sans doute son tempérament le vouait-il à ce destin. Mais aussi il en découvrit progressivement une raison, sans pour autant en être rassuré.

Il lui semblait que pour grandir l'enfant avait besoin d'un tuteur pour, tel un jeune arbre, ne pas être déraciné. C'était naturellement l'image d'un Père, sur qui s'appuyer pour s'encourager au nouveau, pour aller de l'avant dans la vie. Or le sien ne pouvait l'incarner. Non qu'il lui fût particulièrement hostile, mais une possession maléfique contre laquelle il ne pouvait lutter l'empêchait de tenir son rôle.

Nulle promesse de sa part n'était digne de foi : tout projet commun pouvait être détruit par une défection imprévisible. Nul avenir n'était possible sans inquiétude.

Au regard des autres, il se sentit couvert d'un manteau de honte. Il redoutait toujours que le fantôme malfaisant ne s'interposât entre eux et lui, pour l'exposer lui-même à la condamnation et au mépris.

Nulle fête où ce spectre ne fût présent, réellement ou en évocation, pour la gâcher dans un flot d'angoisse.

Responsable ?

On essaya certes de l'arracher à son sort, en lui faisant miroiter un autre monde que celui dans lequel il vivait. Mais il n'en voulut pas, car trop différent de ce qu'il avait vécu, il lui semblait une provocation et une insulte. Ce qu'il voyait alors lui semblait irréel, et un affront à ce qu'il connaissait de toujours, même malheureux, car au moins cela était à lui. On ne transplante pas à volonté une plante malade sans préalablement s'en occuper au moins un peu, et il y a de l'indiscrétion dans certains secours.

Nulle aide extérieure ne lui pouvait venir, et il voyait toujours son malheur comme une malédiction. La faute des pères ne se poursuivait-elle pas sur celle des fils ? De grands textes ne l'avaient-ils pas dit ? [A]

*

Un jour pourtant, bien plus tard dans sa vie, une voix aimée lui fut enfin secourable, et à l'entendre pour la première fois, pour la première fois il ne refusa pas le secours et la main tendue : « Ce n'est pas ta faute ! »

Que ne la dit-on plus souvent, cette parole, pour détruire la chape de culpabilité qui recouvre tant de malheureux – pour démanteler ce funeste manteau ! On n'est coupable, disait-elle, que de ce dont on est personnellement responsable, de ce qu'on a fait soi-même, et le malheur qu'on connaît n'est pas le salaire ou la rétribution pour la faute d'un autre que soi.

Il la remercia. Enfin un mot charitable, qui n'obéit pas au réflexe archaïque et si souvent présent : « Mais qu'est-ce que j'ai fait pour mériter cela ? » – Non, il n'avait rien fait, et la question n'avait pas de sens...

Ce n'est pas parce que les pères ont mangé des raisins verts que les dents des enfants ont été rongées. [B]

[A] Exode 20/5 : « C'est moi le Seigneur, ton Dieu, un Dieu jaloux, poursuivant la faute des pères chez les fils sur trois et quatre générations... »

[B] Ezékiel 18:2 : Qu'avez-vous à répéter ce dicton, sur la terre d'Israël : « Les pères ont mangé du raisin vert et les dents des fils ont été rongées ? »

Jérémie 31/29-30 : En ce temps-là, on ne dira plus : « Les pères ont mangé du raisin vert et ce sont les enfants qui en ont les dents rongées ! » Mais non ! Chacun mourra pour son propre péché, et si quelqu'un mange du raisin vert, ses propres dents en seront rongées.

RÉSURRECTION

Son père était mort, depuis longtemps. Ou bien simplement il était mort pour lui, qui sait… Il tenait à sa mère, et aussi elle le tenait, le détenait. Sous ses prévenances elle l'étouffait, l'empêchait de vivre. D'elle il tenait aussi sa paralysie, et dans son âme et jusque dans son corps souffrant aussi, à mesure qu'il avançait en âge…

Toute nouveauté, toute rencontre effrayait, comme tout ce qui dérange. Il ne pouvait sans doute en être autrement.

Sur ses épaules il portait le poids du monde. Le fardeau des peurs nouait son cou, et à petit feu il mourait, Atlas arthrosique et craintif.

Le grand feu, il avait cessé de l'espérer, abandonné des autres, en qui il ne croyait plus. Y avait-il jamais cru ?

Il avait l'impression d'être très vieux, d'avoir tout connu, d'être mort, même en vie, sans plus d'envie.

*

… Le lit l'accueille. Draps frais et doux. Étendu, des mains le massent, doucement, le palpent, le tâtent. Un corps sur lui s'allonge, deux jambes se nouent à ses reins. Il a chaud, il est bien, s'abandonne. Il gémit heureusement, s'arrache à ce mort qu'il se sentait, au froid qui glaçait ses membres. Des paroles résonnent à son oreille, comme une prière. Et le passé radieux revient vers lui, comme une absolution. Il voit maintenant l'enfant qu'il était, qui l'attend. À ce temps d'autrefois il s'enfuit, se sauve. Et ainsi il est sauvé. Il renaît.

Résurrection

... et l'âme de l'enfant revint au-dedans de lui, et il fut rendu à la vie. [A]

[A] 1 Rois, 17/17-24 : Après ces choses, le fils de la femme, maîtresse de la maison, devint malade, et sa maladie fut si violente qu'il ne resta plus en lui de respiration. Cette femme dit alors à Élie : « Qu'y a-t-il entre moi et toi, homme de Dieu ? Es-tu venu chez moi pour rappeler le souvenir de mon iniquité, et pour faire mourir mon fils ? » Il lui répondit : « Donne-moi ton fils. » Et il le prit du sein de la femme, le monta dans la chambre haute où il demeurait, et le coucha sur son lit. Puis il invoqua le Seigneur, et dit : « Seigneur, mon Dieu, est-ce que tu affligerais, au point de faire mourir son fils, même cette veuve chez qui j'ai été reçu comme un hôte ? » Et il s'étendit trois fois sur l'enfant, invoqua le Seigneur, et dit : « Seigneur, mon Dieu, je t'en prie, que l'âme de cet enfant revienne au dedans de lui ! » Le Seigneur écouta la voix d'Élie, et l'âme de l'enfant revint au dedans de lui, et il fut rendu à la vie. Élie prit l'enfant, le descendit de la chambre haute dans la maison, et le donna à sa mère. Et Élie dit : « Vois, ton fils est vivant. » Et la femme dit à Élie : « Je reconnais maintenant que tu es un homme de Dieu, et que la parole du Seigneur dans ta bouche est vérité. »

Résurrection

Retour

Il s'en était allé, loin de la maison paternelle, dans un pays étranger. Très vite, son pécule avait fondu, et pour subsister seulement il fréquentait d'infâmes bouges, où il reniait toute son éducation, tout son passé. En récompense de son humiliation, on lui jetait quelques pièces, et son abaissement semblait ne pas avoir de limites. Il vivait une pseudo-vie, dépossédé de lui-même, absent, évanoui.

Un jour, il revint à lui.

Il comprit que jusque là il n'était pas lui-même, qu'il y avait au fond de lui une part oubliée, un ciel essentiel. Les nuages de sa vie errante l'avaient obscurci, mais ils se déchiraient maintenant, révélant l'azur immaculé du Commencement. [A] C'était là sa vraie image, son vrai modèle, qui depuis toujours était en lui. [B] Tout le reste n'était que néant.

Il avait fait fausse route, et il s'était perdu. Maintenant, il s'était retrouvé.

Il comprit que rien n'arrive qui ne vienne de nous-mêmes, de toute façon, et que la plupart du temps on existe sans vivre, à l'écart de soi. Mais à de rares moments on se retrouve, on fait retour à soi. Enfin on s'appartient. On mesure la distance qui sépare l'être factice et vagabond de l'être essentiel et immuable, qui n'attend que d'être retrouvé.

Alors, de très loin, des mots lui revinrent, comme : « rendre quelqu'un à la vie ». Ils disaient que la Vie prend, porte et redresse. La vraie résurrection survient quand se réanime le cadavre que l'on était jusque là. Le reste est miracle pour idolâtres. ᶜ

S'étant retrouvé lui-même, fera-t-il retour aussi dans la maison de son père ? Belle est la fable qui le dit. ᴰ Au moins ne sera-t-il plus rampant et humilié à l'avenir. Réconcilié avec son être profond, il vivra debout.

ᴬ Évangile selon Thomas, logion 18. : Les disciples dirent à Jésus : 'Dis-nous comment sera notre fin.' Jésus dit : 'Avez-vous donc dévoilé le commencement pour que vous vous préoccupiez de la fin, car là où est le commencement, là sera la fin. Heureux celui qui se tiendra dans le commencement, et il connaîtra la fin et il ne goûtera pas de la mort.'

ᴮ Évangile selon Thomas, logion 84 : Les jours où vous voyez à qui vous ressemblez vous vous réjouissez. Mais lorsque vous verrez vos modèles qui au commencement étaient en vous, qui ne meurent ni ne se dégradent, qu'est-ce que vous supporterez !

ᶜ Évangile de Philippe : Ceux qui disent que Jésus est mort et puis est ressuscité se trompent. En vérité il est d'abord ressuscité, et puis il est mort.

ᴰ Luc 15/11-24 : Il dit encore : « Un homme avait deux fils. Le plus jeune dit à son père : 'Mon père, donne-moi la part de l'héritage qui doit me revenir.' Le père leur partagea alors ses biens. Peu de jours après, le plus jeune fils ramassa tout et partit pour un pays éloigné, où il gaspilla sa fortune en vivant dans la débauche. Alors qu'il avait tout dépensé, une importante famine survint dans ce pays et il commença à se trouver dans le besoin. Il alla se mettre au service d'un des habitants du pays, qui l'envoya dans ses champs garder les porcs. Il aurait bien voulu se nourrir des caroubes que mangeaient les porcs, mais personne ne lui en donnait. Il revint à lui et se dit : 'Combien d'ouvriers chez mon père ont du pain en abondance et moi, ici, je meurs de faim ! Je vais retourner vers mon père et je lui dirai : 'Père, j'ai péché contre le ciel et contre toi, je ne suis plus digne d'être appelé ton fils, traite-moi comme l'un de tes ouvriers.' Il se leva et alla vers son père. Alors qu'il était encore loin, son père le vit et fut rempli de compassion, il courut se jeter à son cou et l'embrassa. Le fils lui dit : 'Père, j'ai péché contre le ciel et contre toi, je ne suis plus digne d'être appelé ton fils.' Mais le père dit à ses serviteurs : 'Apportez le plus beau vêtement et mettez-le-lui; passez-lui un anneau au doigt et mettez-lui des sandales aux pieds. Amenez le veau qu'on a engraissé et tuez-le ! Mangeons et réjouissons-nous, car mon fils que voici était mort et il est revenu à la vie, il s'était perdu et il s'est retrouvé.' »

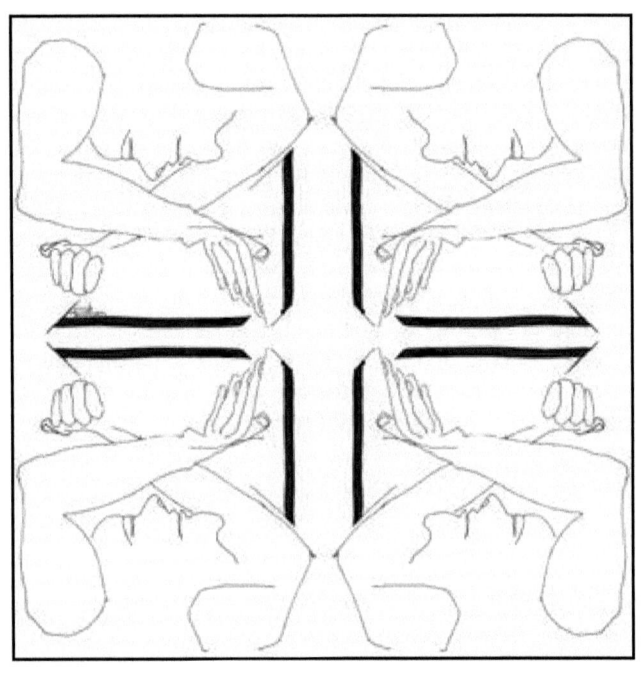

RÊVE

Pas un arbre à l'horizon, partout du sable, à perte de vue. Simplement un vent qui me pousse. Où, je ne le sais pas. Combien de temps serai-je seul, je ne le sais pas non plus. J'avance tout de même, mais je ne progresse pas. Fâcheuse impression de marche immobile. Je fais du sur-place... M'en sortirai-je ?

Seul ? Non, autour de moi des bruits inquiétants. Ce n'est pas que le vent. Je prête l'oreille. Des gémissements, des cris, mais pas humains, qui s'amplifient progressivement. Quelque chose, quelque être, quelque bête, rôde autour de moi, *comme un lion rugissant, cherchant qui dévorer* [A]. Je transpire, me tourne et retourne. Où est-il ? Mais il me suit, s'attache à moi. Assurément c'est mon ennemi, mon *Adversaire* [A]. Je m'en souviens maintenant.

Les voilà qui sont plusieurs. Troupeau de félins, charognards, carnassiers, qui me font cortège. Je m'en souviens aussi : *Il était avec les bêtes sauvages* [B]. Mais c'est de moi qu'il est question ici. C'est avec elles que je suis... Et qui vais-je invoquer pour leur échapper ? Pour m'aider à me battre ?

Je me débats contre des fantômes. Bref éclair. Ce ne sont que mes draps, tout mouillés de ma sueur, qui m'enveloppent et me paralysent. Mais aussitôt je replonge. Cherche une aide, quelque part. Mirage ? Non, voici des êtres lumineux qui viennent du fond de l'horizon. Comme des bons terre-neuve, venus pour m'assister. Oui, c'est ça : des anges.

Nouvel éclair, nouveau souvenir : *Et les anges le servaient...* [B]

Que me disent-ils, ces messagers ? Qui sont ces bêtes sauvages, avec qui je suis ?

*

— Rassure-toi. Ce sont tes monstres intérieurs, et tu n'as aucune raison de te battre contre eux, et d'en avoir peur...

— Mais pourquoi, dites-le moi...

— Parce que, souviens-toi de ce que tu as dit, tu es *avec* eux... Prends-les donc avec toi, en toi, au fond de toi, et comme nous ils t'aideront. Ils deviendront comme toi : humains. Mais si tu en as peur, c'est toi qui deviendras comme eux : un animal...

— Mais ce lion qui me suit ?

— Prends-le en toi, ingère-le, fais le tien. Pour autant il est une partie de toi. Il doit s'humaniser. *Et le lion deviendra homme...* [C]

— Et si je continue d'en avoir peur ?

— Alors c'est lui qui te mangera, tu t'animaliseras, et en ta personne il s'incarnera en homme. *Et le lion deviendra homme...* [C]

*

Subitement je me réveille. Disparus le désert, les animaux sauvages, le lion, les anges. Mais me reste leur leçon. Je ne dois pas avoir peur de ce qui est en moi, car ce qui nous fait peur ne demande qu'à être reconnu pour cesser de le faire.

RÊVE

Calme est ma chambre maintenant. Mais de cette aventure je ne sors plus seul. Un rêve, même cauchemardesque, dit toujours quelque chose. Du désert je tirerai donc un viatique pour ma journée, et pour ma vie. Merci au Vent, à l'Esprit qui m'y a poussé ! [B]

[A] 1 Pierre 5/8 : Soyez sobres, veillez. Votre Adversaire, le Diable, rôde comme un lion rugissant, cherchant qui dévorer.

[B] Marc 1/12-13 : Aussitôt, l'Esprit poussa Jésus dans le désert, où il passa quarante jours, tenté par Satan. Il était avec les bêtes sauvages, et les anges le servaient.

[C] Évangile selon Thomas, logion 7 : Heureux est le lion que l'homme mangera, et le lion deviendra homme ; et souillé est l'homme que le lion mangera, et le lion deviendra homme

Royaumes

Moi – J'ai toujours pensé que ce que je vois est insuffisant, eu égard à l'essentiel, qui derrière se cache. Les oliviers de mon enfance, tordus sous le soleil d'hiver, dans un ciel sans nuages et dans le grand vent du nord qui me portait, me transportait, lorsqu'à vélo je revenais du collège, encore ils sont là présents, m'accompagnent : l'éternité s'installe en moi. C'est bien qu'ils voulaient me dire quelque chose, de plus important qu'eux. Criblés de lumière, ils me parlaient sans doute. En tout cas je n'ai plus besoin de les voir maintenant, ils sont là. Point de vue ! Je ferme les yeux, je voyage. Fermez les paupières, le train va partir…

Lui – Je t'envie. J'aurais pu les voir, si j'avais habité un pays tel que le tien, mais je ne l'ai pas pu.

Moi – Et ils sont mon viatique maintenant. Rien qu'à penser à eux je souhaite que ma tête en soit emplie au moment de tout finir, et que j'emporte, avec moi, cette vision imaginaire. Cela désormais me suffit. Ce fut si beau, je le crois, que cela excède les yeux. Je le vois bien maintenant : l'Essentiel est au fond de moi. C'est ce qu'on ignore ou cache souvent : Point n'est besoin de l'attendre – *Le Royaume est à l'intérieur de vous.* [A]

Lui – Mais à moi on a dit qu'il fallait seulement l'attendre, espérer sa venue, son Avent, et qu'un jour peut-être (et il fallait comprendre ici sans nul doute après la mort), on verrait tout, cet Essentiel dont tu me parles. Confusément, comme à travers un miroir, nous voyons toutes choses. Mais alors nous verrons tout face à face. [B]

Moi – On a eu tort de t'élever dans cette croyance. C'est le meilleur moyen de passer à côté de sa vie.

Lui – Pourtant on dit bien que l'espoir fait vivre.

Moi – Peut-être. Mais aussi parfois il empêche de vivre, de mesurer l'instant présent. On mesure bien le ciel et la terre ! *Mais l'instant présent, comment ne sait-on pas le reconnaître ?* ᶜ

Lui – Sans doute as-tu raison. En fait il faudrait d'abord dans la vie avoir vu, pour ensuite fermer les yeux, et tout revoir, dans la lumière d'éternité que tu dis. Mais moi, on m'a forcé de fermer les yeux, moi qui voulais tout voir, passionnément, formes, lumières, couleurs.

Moi – Tu étais artiste...

Lui – Et mon éducation a été très puritaine. Rigorisme protestant, et vocations entravées... Mais l'enfant que j'étais ne s'en rendait pas compte. Il souffrait seulement. On lui bouchait les yeux. Résultat : un beau corps, une belle étoffe, simplement une fleur, tout cela était frappé d'inanité. Il n'y avait plus de formes immédiatement sensibles, simplement un ciel à attendre ou à espérer. Mais ton ciel bleu lavé de mistral, je ne l'ai jamais vu celui-là, et pas seulement parce que je n'habitais pas le Midi. Au fond, ai-je vraiment touché la vie ?

Moi – Je ne sais pas, et on peut toujours se rattraper. Mais à trop répéter à un enfant que *passe la figure de ce monde* ᴅ, si c'est pour lui boucher les yeux à la chair des choses, c'est dangereux et mutilant. Et à trop seriner aux ouailles qu'il faut attendre, on oublie la parole d'un grand Maître, dont ses disciples se sont éloignés : *Ce que vous attendez est venu mais vous ne le connaissez pas. – Le Royaume s'étend sur la terre et les hommes ne le voient pas.* ᴱ

ᴬ Luc 17/21

ᴮ 1 Corinthiens 13/12

ᶜ Luc 12/56

ᴰ 1 Corinthiens 7/31

ᴱ Évangile selon Thomas, logia 51 et 113

Séparations

J'émerge du fond de la nuit, du pays des rêves. Je remue mes membres, et je prends conscience de mes mouvements. Vais-je ouvrir les yeux ? Sans doute, mais progressivement, le temps de m'accoutumer à mon nouvel état. Paupières désormais ouvertes, je distingue vaguement une masse informe, un chaos, un tohu-bohu. A – Manifestement devant moi il y a quelque chose, mais quoi ?

Je distingue maintenant un rai de lumière, perçant l'obscurité. C'est la clarté du dehors qui passe par la fenêtre de ma chambre, et qui filtre à travers les volets. Le jour doit être déjà levé. Mais désormais grâce à la lumière du jour, séparée de la nuit où j'étais plongé, je peux m'orienter. Là il y a mon armoire, là ma chaise, là ma table de nuit, là mon miroir, etc. Le *quelque chose* de tout à l'heure se résout en *des choses*, distinguées même approximativement. En fait, elles se sont successivement séparées les unes des autres, pour constituer maintenant un univers bien familier, bien ordonné.

Bien réveillé maintenant, je me prends à songer à ce qui s'est passé. Le chaos initial, me dis-je savamment, est devenu cosmos, c'est à dire un monde ordonné, selon le mot que les Grecs employaient pour dire l'organisation des sensations sous la lumière de l'intelligence. Mais aussi, pensant à mes volets disjoints et à la lumière salvatrice, me voici songeant à un autre héritage : me revient en mémoire un inaugural *Fiat Lux !*, *Que la Lumière soit !* B

Et aussitôt je fais réflexion que ces séparations successives du quelque chose primordial pour donner des choses bien distinguées les unes des autres sont celles-là mêmes que fait la puissance divine dans le Texte originel. La survenue progressive de l'ordre s'y produit par une cascade de séparations. C

Alors, me dis-je, pourquoi parler de création du monde, alors qu'il s'agit d'une organisation, que je viens de faire moi-même dans le petit univers de ma chambre, et que chacun peut faire chaque matin en se réveillant ?

Allons, me dis-je encore, me voilà avec la puissance divine en bonne compagnie ! Je suis maintenant prêt à me lever, à faire ma résurrection quotidienne...

*

... Mais elle a bien quelque chose d'héroïque, car il m'arrive souvent d'y regretter le monde d'avant mon lever, quand toutes choses se fondaient ensemble dans l'obscurité bienheureuse de ma chambre. Alors tout y était possible, toutes les fantasmagories et toutes métamorphoses y pouvaient survenir, au gré de ma fantaisie.

Pourquoi ne pas mêler ensemble à nouveau ce que l'intelligence (la mienne ou la divine) a séparé ? Ce miroir par exemple, où se reflète et s'essentialise, par son cadre et sa profondeur, l'abat-jour de ma lampe, pourquoi y voir un lieu d'illusion ? La lampe existe aussi quand elle est reflétée, et avec quelle présence ! Pourquoi séparer les divers éléments du monde, alors qu'ils peuvent s'interpénétrer constamment et à l'envi ?

C'est la tâche de l'artiste, me dis-je enfin. Il doit brouiller à nouveau ce qui a été débrouillé. C'est un sauveur de phénomènes, de manifestations évidentes aux sens mais que l'esprit logique ignore avec son cortège de séparations, à la fois utiles pour la vie pratique et meurtrières pour la vie sensible. En somme, l'Artiste n'est jamais que le rival de Dieu.

Sur cette belle parole me voilà prêt à affronter ma journée, content d'être un artiste et non un banal paresseux différant le moment de son lever.

---

* Genèse 1/2
** Genèse 1/3
*** Genèse, 1/4, 1/6-7, 1/14, 1/18...

SI LOIN, SI PROCHE...

Invisible... Invisible je suis de tous ceux-là qui passent devant moi. Me voyant, ils détournent le regard, feignent d'être occupés ailleurs. Beaucoup baissent les yeux vers cet instrument qu'ils tiennent dans leur main, cette prothèse qui les protège, ce téléphone portable qui empêche le vrai contact, et dédouane son porteur de saisir la moindre occasion d'intérêt porté à autrui. Ils sont seuls dans leur tête, et se frôlent sans se voir, ou même se soupçonner.

Je gage que beaucoup ont une belle situation, à voir la qualité de leur costume, l'attaché-case qu'ils portent, et l'assurance de leur démarche. Moi aussi j'étais comme eux, avant mon licenciement, victime de brigands de la finance. Chômeur économique, j'ai progressivement roulé au ruisseau. Et maintenant me voici en train de mendier. Ils pourraient y réfléchir un peu, si ma vue les indispose : cela pourrait aussi leur arriver. On ne naît pas mendiant, on le devient.

Qu'est-ce qui les empêcherait de me voir, de laisser une aumône dans ma sébile ? Rentrés chez eux, je pense qu'ils pourront parader, afficher de grands idéaux humanistes, mais en paroles seulement. C'est un masque qu'ils portent, derrière lequel ils s'abritent. Cela les pose et les valorise socialement, mais au fond d'eux-mêmes ils sont vides et creux. Hypocrites...

... Mais voici qu'il s'avance, souriant de toutes ses dents. Il met sa main sur mon épaule, et toute la nuit du jour disparaît d'un coup. Et combien réconfortantes ses paroles !

Cher inconnu, d'où viens-tu ? Sans doute de bien loin ! Et tu as sûrement dû dans toute ta vie surmonter l'hostilité à quoi t'a condamné le noir de ta peau. Tu sais bien toi, le vide des beaux idéaux affichés, quand la conduite ne suit pas. Voudrais-tu par exemple épouser une femme blanche, qu'aussitôt on t'en dissuaderait, avec plus ou moins de ménagements. Peut-être même te lyncherait-on, comme naguère...

Je ne connais pas tes origines, ni si tes ancêtres avaient une autre religion que celle de ceux-là. Mais cela importe peu. Le coreligionnaire n'est pas tout. L'important est un sourire, et une main rassurante. Plus importants même sont-ils que la pièce dans la soucoupe. Car l'humain y est restauré.

Merci, mon ami. Toi qui viens de si loin. Si loin et si proche... *Mon prochain.* [A]

[A] Luc 10/25-37 : Un professeur de la loi se leva et dit à Jésus pour le mettre à l'épreuve : « Maître, que dois-je faire pour hériter de la vie éternelle? » Jésus lui dit : « Qu'est-il écrit dans la loi? Qu'y lis-tu? » Il répondit : « Tu aimeras le Seigneur, ton Dieu, de tout ton cœur, de toute ton âme, de toute ta force et de toute ta pensée, et ton prochain comme toi-même. » « Tu as bien répondu, lui dit Jésus. Fais cela et tu vivras. » Mais lui, voulant se justifier, dit à Jésus : « Et qui est mon prochain? » Jésus reprit la parole et dit : « Un homme descendait de Jérusalem à Jéricho. Il tomba entre les mains de brigands qui le dépouillèrent, le rouèrent de coups et s'en allèrent en le laissant à moitié mort. Un prêtre qui, par hasard, descendait par le même chemin vit cet homme et passa à distance. De même aussi un Lévite arriva à cet endroit ; il le vit et passa à distance. Mais un Samaritain qui voyageait arriva près de lui et fut rempli de compassion lorsqu'il le vit. Il s'approcha et banda ses plaies en y versant de l'huile et du vin ; puis il le mit sur sa propre monture, le conduisit dans une auberge et prit soin de lui. Le lendemain, à son départ, il sortit deux pièces d'argent, les donna à l'aubergiste et dit : 'Prends soin de lui, et ce que tu dépenseras en plus, je te le rendrai à mon retour.' Lequel de ces trois te semble avoir été le prochain de celui qui était tombé au milieu des brigands ? » « C'est celui qui a agi avec bonté envers lui », répondit le professeur de la loi. Jésus lui dit : « Va agir de la même manière, toi aussi. »

SI TU SAIS...

I

Pourtant je l'ai bien accueilli, en urgence même, un jour où je ne consultais pas. Il voulait me montrer le résultat de ses analyses, que moi-même aussi avais reçus. Nous les avons lus ensemble... Il voulait un avis, un conseil... Je ne sais pas ce qui s'est passé.

– Que lui avez-vous dit exactement ?

– Je vous fais juge vous-même. À quelqu'un qui vous demande la vérité, trouvez-vous qu'il soit bon de mentir ?

– Peut-être. Mais encore ?

– Comme je le voyais décidé à savoir, je lui ai dit mon pronostic. Je ne pouvais faire autrement, il était si pressant !

– Et quel était-il ?

– Il n'en avait plus que quelques semaines à vivre, quelques mois tout au plus. Il a accueilli ma réponse très calmement, il est sorti de mon bureau comme il y était entré. Rien ne laissait présager la suite. Si j'avais su, si j'avais pu savoir !

– Qu'est-il donc arrivé ensuite ?

– Un coup de fil m'a prévenu. C'était la gendarmerie. Il s'est pendu dans son grenier. On veut me rencontrer pour éclaircissements... Mais qu'aurais-je pu faire d'autre ? J'ai cru bien faire en l'informant. C'est ce qu'on se dit en pareil cas, je n'ai pas cherché plus loin.

– Précisément. Saviez-vous vraiment ce que vous faisiez ? Ou plutôt n'avez-vous pas agi sans réfléchir, en appliquant une règle que vous pensez commune à tous et valable pour tous : dire la vérité, toujours ?

– Cela se peut. Maintenant que vous me le dites... Sans doute ai-je agi par habitude. Effectivement, peut-être n'ai-je pas su ce que je faisais... – Quelle punition, tout de même ! Et se pourrait-il que je sois incriminé dans cette affaire ? Dites-le bien dans votre enquête : je n'ai pas voulu cela.

– Homme, si tu ne sais pas ce que tu fais, tu es maudit et transgresseur de la Loi. [A]

II

– Je viens d'apprendre ce qui est arrivé à mon confrère. Je le plains beaucoup. Il a sans doute manqué de réflexion, répondu trop vite à son patient. Mais beaucoup d'entre nous sont dans son cas.

– Et vous, que faites-vous en pareil cas ?

– Je mens. Outre le fait qu'il y a des patients qui ne veulent pas savoir la vérité, et qu'il faut respecter, je pense qu'on peut mentir même à ceux qui veulent la savoir. Car on peut dire qu'on le désire, et en réalité ne pas avoir assez de force intérieure pour l'assumer. La vérité nue peut tuer. Combien s'effondrent en l'entendant ! Il n'y a pas que le droit de savoir, il y a aussi le droit d'ignorer. Évidemment il faut avoir ici un sens de la psychologie, et de l'expérience. Mais il ne faut pas faire de la franchise une vertu constante, pas plus qu'il ne faut condamner constamment le mensonge.

– La leçon est dure à entendre, convenez-en.

– C'est que le cœur humain est dédaléen et labyrinthique, nul ne connaît tous ses replis. Notre devise à nous médecins est *primum non nocere*, d'abord ne pas nuire. Il faut en ces matières une prudence minimale, sous peine de donner la main au destin, comme il est arrivé à notre malheureux confrère.

– Vous pensez-donc à une culpabilité de sa part...

– On pourrait l'imaginer, et malheureusement. Mais c'est très fréquent. Combien de fois sommes-nous rattrapés par les paroles que nous proférons, les actes que nous faisons, qui nous reviennent, pour nous frapper comme des boomerangs ! La pierre seule est innocente, et pas même l'âme du petit enfant. Subjectivement mon confrère n'a rien fait de mal, il a voulu et cru bien faire, mais objectivement son discours a eu une conséquence catastrophique. Comme pour l'Ours de la fable avec son Jardinier, ou ceux qui aiment en étouffant et dévorant. Beaucoup de nos crimes sont des crimes d'amour. L'intention ne suffit pas, il faut réfléchir, connaître, savoir... Et quand on sait, quand on a cette prudence, la même chose que les hommes appellent un défaut, comme le mensonge, devient une éminente qualité : ce qu'on nomme un mensonge pieux.

Si tu sais...

— Il n'y a donc pas de règle toujours applicable ?

— Il n'y a rien d'universel en éthique, il n'y a que des cas particuliers, et la Loi change toujours selon l'appréciation qu'on sait en faire. Quand on sait vraiment ce qu'on fait, il y a peu de choses qu'on ne puisse faire. Je pense qu'en tant que journaliste, confronté dans votre vie professionnelle à des cas bien divers, vous pouvez en être d'accord – n'est-ce pas ?

— Homme, si tu sais ce que tu fais, tu es heureux. [B]

[A] et [B] Luc 5/4 (Codex de Bèze et versions italiques) : Le même jour, voyant un homme travaillant le jour du sabbat, il lui dit : « Homme, si tu sais ce que tu fais, tu es heureux. Si tu ne le sais pas, tu es maudit et transgresseur de la Loi. »

SOUFFLES

Translation des roseaux à notre gauche à mesure que nous marchons. Chateaubriand me précède il me semble : leurs *champs de quenouilles et de glaives*... J'écris un texte déjà écrit. Dans la vie et sur la page.

Mais chut tout à coup... Écoute, dis-tu, ferme tes yeux.

Bruit sourd et constant. Le vent siffle aux oreilles, accompagné des cris des oiseaux. Et plus l'attention se fait profonde, plus profond se fait le vent. C'est comme une grande houle, la mer dans les arbres, déjà entendue à Font-Romeu, ou bien le coquillage qu'on plaque sur sa joue et qu'on écoute, enfant. Régression infinie de la mémoire. Désancrage des souvenirs et de l'être le plus profond.

Eau lustrale, eau matricielle, environnante et investissante, du Vent... Ainsi baptisé, reposé, né de nouveau, je reprends souffle.

Je ne vois rien, et pourtant... Yeux ouverts, le paysage éclairé est familier, avenant, proche. Mais aussi il est découpé et restreint, car la vue latéralise. Fermés les yeux au contraire, l'obscurité s'habite d'une présence qui descend, étrange et aussi proche, mais d'une autre façon : réconciliation avec le plus lointain, le plus ancien. Les oliviers par exemple tordus par le vent du nord de mon enfance, quand au retour de mon collège, sous un ciel d'hiver magnifiquement bleu, je luttais contre la côte à franchir à vélo. Là j'ai eu peut-être l'Essentiel. Si je ne le vois pas, maintenant je le revois. Le voyage va commencer, le pèlerinage. – Je suis né du vent bleu...

Aussi ce jour-là, ou cette nuit, ce même soir, où alanguie après l'amour, tu as respiré contre mon épaule. Le souffle contre mon oreille, ce fut le même vent entendu sur le chemin. Les yeux aussi étaient fermés, mais l'immémorial était perçu. Cela venait de très loin. La nuit respirait comme un flanc de femme...– Il faut aimer la nuit des yeux. Y écouter respirer Dieu. Vent, mémoire, lèvres entrouvertes, tout est souffle.

– Le vent souffle où il veut, et tu en entends le bruit ; mais tu ne sais d'où il vient, ni où il va. Il en est ainsi de tout homme qui est né du Souffle... [A]

[A] Jean, 2/1-8 : Mais il y eut un homme d'entre les pharisiens, nommé Nicodème, un chef des Juifs, qui vint, lui, auprès de Jésus, de nuit, et lui dit : « Rabbi, nous savons que tu es un docteur venu de Dieu ; car personne ne peut faire ces miracles que tu fais, si Dieu n'est avec lui. » Jésus lui répondit : « En vérité, en vérité, je te le dis, si un homme ne naît de nouveau, il ne peut voir le royaume de Dieu. » Nicodème lui dit : « Comment un homme peut-il naître quand il est vieux ? Peut-il rentrer dans le sein de sa mère et naître ? » Jésus répondit : « En vérité, en vérité, je te le dis, si un homme ne naît d'eau et du Souffle, il ne peut entrer dans le royaume de Dieu. Ce qui est né de la chair est chair, et ce qui est né du Souffle est souffle. Ne t'étonne pas que je t'aie dit : 'Il faut que vous naissiez de nouveau.' Le vent souffle où il veut, et tu en entends le bruit ; mais tu ne sais d'où il vient, ni où il va. Il en est ainsi de tout homme qui est né du Souffle. »

SOUS LE SOLEIL

Il est si brillant qu'on s'y laisserait séduire. Mais moi je le vois brûlant et accablant, image parfaite de la lucidité. Elle lui est en tout point identique, blessure inapaisable. L'astre témoigne de notre désastre...

Voyez. La vie commence par un élan inextinguible et finit par une reddition sans conditions. Il n'est que d'observer. Combien d'abandons s'y voient ! Elle est faite de concessions – à perpétuité. Petit à petit, l'homme se tasse, devient un petit tas. Petit tas petit. Si l'on songe que vivre est gagner sa tombe, quelle victoire peut-on y trouver ?

Et tout se répète de génération en génération. Les enfants par amnésie aveuglée refont le destin de leurs parents. Aucun avertissement n'y sert. Tout se déroule et s'enchaîne, inéluctablement.

Amour, rapprochement, ne tiennent pas devant l'évidence : on aspire à l'union des âmes, et on se contente du contact des corps. Tout ce qui vit ne cherche qu'à survivre et à se reproduire. Rien d'autre ne surplombe ou n'enrichit les vérités élémentaires.

Le méchant triomphe, et non l'homme honnête. À quoi sert ici de chercher proportion, raison ou justice ? On aurait beau le faire, on n'en trouverait aucune.

C'est un torrent, qu'y faire ? Il faut qu'il ait son cours. Ce qui a été, c'est ce qui sera, ce qui s'est fait, c'est ce qui se fera : rien de nouveau sous le soleil ! [A]

Finalement la vie, qu'y a-t-il à en attendre ? Comment ne pas la détester, et trouver mauvais ce qui se fait sous le soleil ? Tout n'est-il pas vanité et poursuite de vent ? [B]

... J'entends un cri, un appel depuis ma fenêtre. Qui est-ce ? C'est mon fils, mon petit garçon – que ne peut-t-il le rester toujours, ne pas grandir, ce qui est se faner ! Le voici qui s'amuse sur la balançoire ensoleillée du jardin, tout absorbé dans son monde. Mais que me dit-il ? Quelle leçon encore peut-il vouloir me donner, moi qui suis revenu de toutes ?

– PAPA, VIENS JOUER !

[A] Ecclésiaste 1/9.

[B] Ecclésiaste 2/17.

Talent

« **B**illets, s'il vous plaît ! » J'obtempère, et présente au contrôleur mon titre de transport, me souvenant du temps où les compartiments de chemin de fer étant séparés, on entendait d'abord, précédant, le petit bruit sec et comminatoire fait par la pince sur la vitre. Le cœur bat plus fort alors, crainte d'être pris en faute !

Et si je n'avais pas mon titre de transport ? Vite, je fouille mes poches, pour le trouver. Le voici, rassuré je le présente. Mais que se serait-il passé si je ne l'avais pas pris au guichet, ou si je l'avais perdu ? J'imagine l'amende, et pourquoi pas davantage peut-être : assignation en justice, condamnation, que sais-je ? Donc, me dis-je, je dois toujours me trouver en état de justifier ma présence, par production d'un titre l'autorisant.

Le train roule régulièrement, je m'assoupis un peu. La figure du contrôleur grandit démesurément. C'est un juge maintenant. Qu'as-tu fait de ton billet ? Quel titre as-tu à voyager ainsi ? Quelle autorisation à vivre ? Qu'as-tu fait de ta vie, de ses dons ? Les as-tu fait fructifier ? Montre-moi ton titre de transport, ce qui justifie la poursuite de ton chemin ici. Sinon...

De vieilles paroles résonnent en moi : Car on donnera à celui qui a, et il sera dans l'abondance, mais à celui qui n'a pas on ôtera même ce qu'il a. Et le serviteur inutile, jetez-le dans les ténèbres du dehors, où il y aura des pleurs et des grincements de dents. [A]

Une autre voix enchaîne, augmente mon angoisse : Quand vous engendrerez cela en vous, ceci que vous avez-vous sauvera ; s'il vous arrive de n'avoir pas cela en vous, ceci que vous n'avez pas en vous vous tuera. [B] Et si véritablement je risquais de mourir, cancérisé, condamné simplement par le manque en moi de quelque chose d'essentiel ? La pince du Contrôleur devient celle du Crabe.

Coup de frein. Arrêt en station. En sursaut je me réveille. Je réfléchis au sens de mon rêve. Assurément de vieux souvenirs l'ont habité. Le contrôleur est bien parti, tout est calme maintenant : c'est bien.

Mais si je suis lucide avec moi-même, je dois reconnaître qu'Il me fera toujours peur. Et qu'aucune journée ne s'est passée, ne se passe pour moi sans que je me pose la question du talent à développer, de l'amende à payer ou de la peine à subir si je me trouve en défaut. Ai-je assez fait, assez tiré de moi, dans l'écriture par exemple, pour qu'au moment de tout finir je sois pardonné ?

Bien sûr, lucidement je souris de toutes ces craintes. J'ai dépassé évidemment tous ces enseignements de catéchisme, d'un châtiment qui nous menace. Et pourtant...

— Et pourtant on peut très bien, et toute sa vie durant, redouter un jugement tout en pensant qu'il n'existe pas. En effet, je pense qu'il n'y a pas de Contrôleur, et qu'on ne sera jamais contrôlé.

TALENT

^A Matthieu 25/14-30 : Il en sera comme d'un homme qui, partant pour un voyage, appela ses serviteurs, et leur remit ses biens. Il donna cinq talents à l'un, deux à l'autre, et un au troisième, à chacun selon sa capacité, et il partit. Aussitôt celui qui avait reçu les cinq talents s'en alla, les fit valoir, et il gagna cinq autres talents. De même, celui qui avait reçu les deux talents en gagna deux autres. Celui qui n'en avait reçu qu'un alla faire un creux dans la terre, et cacha l'argent de son maître. Longtemps après, le maître de ces serviteurs revint, et leur fit rendre compte. Celui qui avait reçu les cinq talents s'approcha, en apportant cinq autres talents, et il dit : « Seigneur, tu m'as remis cinq talents; voici, j'en ai gagné cinq autres. » Son maître lui dit : « C'est bien, bon et fidèle serviteur; tu as été fidèle en peu de chose, je te confierai beaucoup ; entre dans la joie de ton maître. » Celui qui avait reçu les deux talents s'approcha aussi, et il dit : « Seigneur, tu m'as remis deux talents ; voici, j'en ai gagné deux autres. » Son maître lui dit : « C'est bien, bon et fidèle serviteur ; tu as été fidèle en peu de chose, je te confierai beaucoup ; entre dans la joie de ton maître. » Celui qui n'avait reçu qu'un talent s'approcha ensuite, et il dit : « Seigneur, je savais que tu es un homme dur, qui moissonnes où tu n'as pas semé, et qui amasses où tu n'as pas vanné ; j'ai eu peur, et je suis allé cacher ton talent dans la terre ; voici, prends ce qui est à toi. » Son maître lui répondit : « Serviteur méchant et paresseux, tu savais que je moissonne où je n'ai pas semé, et que j'amasse où je n'ai pas vanné ; il te fallait donc remettre mon argent aux banquiers, et, à mon retour, j'aurais retiré ce qui est à moi avec un intérêt. Ôtez-lui donc le talent, et donnez-le à celui qui a les dix talents. Car on donnera à celui qui a, et il sera dans l'abondance, mais à celui qui n'a pas on ôtera même ce qu'il a. Et le serviteur inutile, jetez-le dans les ténèbres du dehors, où il y aura des pleurs et des grincements de dents. »

^B Évangile selon Thomas, logion 70

TENTATION

Moi. J'ai toujours aimé les bibliothèques, qui, une fois désertée l'église, furent pour moi mes nouveaux temples. Et tous ces ouvrages bien rangés, des livres saints. Et tous leurs auteurs, des inspirés d'un dieu auquel je ne croyais plus. Prendre ma place auprès d'eux était mon rêve.

– Lui. Et autrement, est-ce que tu as vécu, est-ce que maintenant tu vis ?

– Moi. Pas vraiment. Mais cela a si peu d'importance !

– Lui. En es-tu si sûr, toi homme de papier, ivre de livres ?

– Moi. Mais que leur reproches-tu ?

– Lui. Ils sont la mort des arbres. Quel gaspillage !

– Moi. Mais laisser de soi quelque chose, un nom par exemple ? L'ajouter peut-être à ceux qu'on admire ?

– Lui. Plonge ton doigt dans la mer, et regarde le trou…

– Moi. Même les escargots laissent derrière eux une trace brillante !

– Lui. Quel rêve absurde, et quelle dérision ! Mais regarde donc les gens vivre, sentir, jouir ! Il faut éprouver dans son corps, au plus profond de toutes ses fibres, la grande pulsation de la Vie, et y adhérer ! Sens le sable chaud sous tes pieds nus ! Toi tu n'es qu'un fantôme, une ombre. Ne lâche pas la proie pour elle. Écrie-toi devant la beauté des choses !

– Moi. Mais à s'écrier je préfère s'écrire. Il n'y a qu'une inversion à faire…

– Lui. Fadaises ! Écrivain : écrit vain !

– Moi. Comme tu y vas ! Il me semble pourtant que l'écriture donne aux choses un poids et une densité qu'elles n'ont pas dans la vie.

– Lui. C'est un catéchisme et il est faux : le sang d'encre n'est pas le vrai sang. Et puis, regarde toutes tes hésitations. Littérature, dis-tu ? Tu lis tes ratures, rien de plus. Et infiniment tu y perds ton temps et ta substance.

– Moi. Qui donc es-tu, pour vouloir ainsi me décourager ? *Aquoibonniste*, tu ricanes, tu détruis, tu brouilles et embrouilles, et préfères le non au oui.

– Lui. Tu viens de me définir, et aussi bien tu connais le grec…

– Moi. Peut-être celui qui sépare, qui désunit : le Diable ?

– Lui. Exactement. Mais d'une autre façon aussi quelqu'un d'autre…

– Moi. Qui donc ?

– Lui. Tout simplement une partie de toi, une voix en toi. Maintenant, excuse-moi. Je dois te quitter. *Mais nous nous reverrons…* [A]

[A] Luc 4/13 : Après l'avoir tenté de toutes ces manières, le Diable s'éloigna de lui jusqu'à un moment favorable.

TIÉDEUR

<small>DIALOGUE PHILOSOPHIQUE</small>

Donc tu penses qu'il n'y a pas de vérité profonde, qui puisse engager tout l'être dans sa vie, qui vaille même qu'on la défende au mépris même de sa sécurité ?

– Exactement. Tout ce à quoi nous croyons est une infime section que nous pratiquons dans l'éventail infini des possibles imaginables, au détriment du respect que nous leur devons. Tout entre en jeu ici : l'éducation par exemple nous fait adhérer à des idées, à une vision du monde que nous n'aurions pas eues si nous avions subi un autre conditionnement. Nous sommes chrétiens au même titre que nous sommes Occitans ou Anglais.

– Mais tu oublies le travail d'indépendance que nous faisons plus tard, à l'âge adulte, quand par la réflexion nous revisitions notre héritage. Et si ce n'est pas le cas pour tous, au moins certains d'entre nous s'y efforcent-ils...

– Certes. Mais si c'est pour embrasser d'autres visions de remplacement, auxquelles on adhère de la même façon, on ne fait que quitter un terrain pour en choisir un autre. C'est là la question : tout choix est une exclusion : choisir n'est pas tant élire que refuser tout ce qu'on n'élit pas, et qui est sans borne ou limite.

– Donc il faudrait ne jamais choisir ?

– Au moins jamais sans enquête préalable. Et dans chaque proposition qui s'offre à nous et prétend à notre suffrage, dans chaque assertion, mesurer la zone de validité dans laquelle elle se peut soutenir. La tâche est sans fin.

– Précise-moi, c'est bien abstrait ce que tu dis.

– Tu sais que j'aime et pratique la photographie. Eh bien, par analogie, je pense à la profondeur de champ dont elle se sert pour faire voir nettement le sujet. Selon les paramètres que l'on choisit, elle autorise une zone de netteté, et elle seule. Tout ce qui est avant elle, ou bien après, est flou. De la même façon, l'esprit doit accommoder quand lui est proposée une idée, de façon à déterminer les limites dans lesquelles elle est valable : c'est à dire le contexte ou elle se justifie. Et comme par nature le contexte change tout le temps, il suit de là qu'aucune idée ne peut rendre compte, n'épuise la profusion du monde, et des énoncés à son propos.

– Donc si je te suis bien il n'a y a pas de vérité universelle, seulement des validités. Pourtant certains ont parlé de la Vérité, à commencer par Jésus lui-même, interrogé par Pilate, selon ce qu'il nous en est rapporté. [A]

– Certes, mais je préfère, et de loin, la réponse de Pilate : Qu'est-ce que la vérité ? [B] Outre qu'elle est plus profonde, elle est moins dangereuse. Nulle vérité affirmée comme universelle ne vaut qu'on meure pour elle, et encore moins qu'on fasse mourir les autres.

– Mais dis-moi. Ne ressens-tu jamais le besoin impérieux de t'enflammer pour une idée, de la défendre au détriment même de ton confort, voire de ta vie ? De ressentir en soi la présence même de Dieu, ce qui est le sens propre d'enthousiasme ? D'être pris pour lui d'un zèle emporté et exclusif en pensant à ce qu'il représente ? Comme il est rappelé encore de Jésus fouettant les marchands du Temple : *Le zèle de ta maison me dévore.* ^C

– Non, et je trouve cette idée de zèle extrêmement périlleuse, car ce mot, qui a donné chez nous celui de jalousie, caractérise aussi le Dieu auquel tu te rattaches : un Dieu prompt à la colère, exclusiviste, un *Dieu jaloux*. Et celui qui s'en réclame me paraît extrémiste. Ce dernier ne dit-il pas : *Qui n'est pas avec moi est contre moi* ? ^D Mais ne peut-on être toujours en recherche et tenir entre les différents partis une balance en équilibre, n'être ni pour, ni contre –au moins a priori ?

– Je ne pense pas que tu sois heureux dans cette position. Je te plains quant à moi, mais de t'y complaire d'autres pourront te maudire. On dira que mieux vaudrait pour toi la négation que la molle équanimité où tu te complais : *Mieux vaudrait pour toi être froid ou chaud. Mais puisque tu es tiède, et non froid ou chaud, je te vomirai de ma bouche.* ^E

– Quant à être heureux, permets-moi d'en juger moi-même. Pour le reste, c'est une caricature que tu me proposes. Pour moi, une seule chose est nécessaire, et c'est l'exact contraire de la tiédeur : le courage chaque fois du libre examen des choses. La tâche n'est pas facile, et il y faut de la volonté, à commencer par l'affrontement et l'acceptation des contradictions, qui sont si déplaisantes à beaucoup. Tout le reste, l'adhésion aveugle ou la négation systématique présupposent toujours les réponses. Il n'y a aucune raison d'en faire l'éloge, car pour ce qui est de l'esprit elles ne relèvent que de la paresse.

A Jean 18/37

B Jean 18/38

C Psaume 69/9 – Jean 2/17

D Matthieu 12:30 – Luc 11/23

E Apocalypse, 3/14-16 : À l'ange de l'Église qui est à Laodicée, écris : « Ainsi parle l'Amen, le Témoin fidèle et véritable, le Principe de la création de Dieu : 'Je sais tes œuvres : tu n'es ni froid ni chaud. Que n'es-tu froid ou chaud ! Mais parce que tu es tiède, et non froid ou chaud, je vais te vomir de ma bouche.' »

TOUT EST PERMIS, MAIS...

Quelle belle époque que celle où nous vivons ! Les anciennes interdictions tombent une à une, de nouvelles possibilités s'ouvrent chaque jour, et l'on ne voit pas d'empêchement à satisfaire le moindre de nos désirs. Plaignons ceux de l'Ancien monde, qui vivaient dans la contention constante. Êtres resserrés, repliés, inhibés, à quel épanouissement pouvaient-ils parvenir ? Voyez-les corsetés, étouffés jusque dans leurs tenues. Et en regard voyez la liberté d'aujourd'hui. N'est-il pas vrai qu'on peut s'habiller comme on veut ? Regardez les rues de nos villes...

– Parlons-en en effet. Croyez-vous vraiment à la justesse de ces propos ?

– Mais oui, et c'est ce que je pratique moi-même. Le féminisme nous a délivrées des anciens usages aliénants, et notre corps n'hésite plus maintenant à se montrer. Tenez, telle que vous me voyez, vous ne nierez pas que plus aucune limite ne s'oppose à nos choix vestimentaires.

– Peut-être oui, mais aussi peut-être non. Dites-moi, prenez vous en compte dans votre façon de vous vêtir l'effet que vous faites sur les gens qui vous regardent ?

– Ah non, par exemple. C'est pour me plaire à moi-même que je choisis mes tenues. Et si ceux qui me voient ne sont pas contents, ils n'ont qu'à regarder ailleurs.

– C'est leur manifester bien peu d'intérêt, et c'est bien dommage. Votre position oublie que l'homme est un être vivant en société, et que doit l'habiter le souci de ne pas scandaliser les autres, ou de ne pas les provoquer. C'est un minimum à respecter pour que reste apaisée la vie sociale. La liberté nécessairement s'y borne et limite, et au-delà c'est la licence, où chaque désir se satisfait aussitôt qu'apparu, sans aucun égard pour les autres.

– Je pense que votre âge vous empêche de voir les évolutions. Tout cela doit changer, et a déjà changé. Heureusement !

– Mais alors, dites-moi : ne pensez vous pas que vous habillant ainsi, non seulement vous manifestez aux autres un souverain mépris, mais vous vous mettez vous-même en danger ?

– Comment cela, par exemple ?

– Eh bien pour une majorité de passants qui ou bien vous ignoreront ou bien vous regarderont simplement en éprouvant la convoitise au fond de leur cœur, quelques uns s'approcheront pour vous importuner, ou risquent de faire pire ?

– Eh bien, ils n'ont qu'à se maîtriser. Ce n'est pas moi la coupable. D'ailleurs moi je ne désire pas comme cela au premier regard.

– C'est que vous êtes une femme, et que vous ne connaissez pas comment fonctionne un homme. Mais dites-moi : entreriez-vous dans la cage d'un lion, en supposant qu'il n'a qu'à se maîtriser ? Bien plutôt je ne vous vois pas en sortir saine et sauve.

– Quelle sottise de comparer un homme à un animal !

– Pourtant il en est un aussi. Et je trouve bien naïf et angélique le crédit sans prudence que vous lui faites. – Enfin, pour élargir la question, je crois qu'on se construit par les restrictions qu'on met à sa liberté, au bénéfice d'une personnalité plus solide qui en émerge. Mais ce processus est lent, et toujours menacé, parfois à la limite de la rupture. J'espère que vois pourrez faire profit de ce que je vous ai dit.

– Et si je reprenais pour vous répondre vos propres paroles : peut-être que oui, peut être que non ?

– Alors, puissiez-vous retenir celles d'un autre que moi : « Tout est permis », mais tout ne convient pas. « Tout est permis », mais tout n'édifie pas. [A]

---

1 Corinthiens 10/23

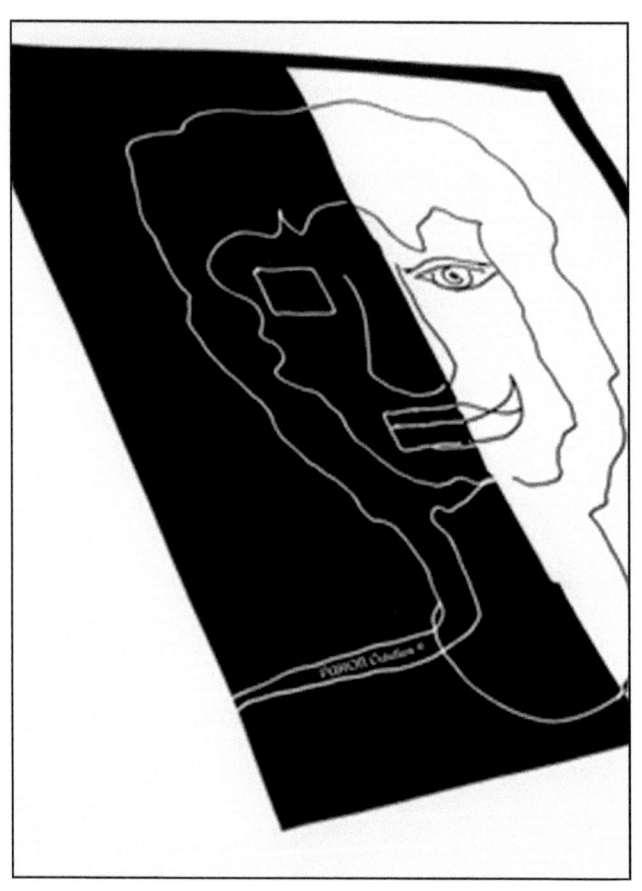

TRANSFIGURATION

Qu'il est beau ce visage, d'un sourire soudain illuminé ! Tout le gris deviné des jours anciens y disparaît. Si cela pouvait toujours durer... – Mais ce sourire maintenant, pourquoi le perdre, pourquoi cet air maussade ? Pourquoi n'es-tu pas comme avant ?

Ou bien serait-ce de ma faute ? Qu'est-ce que j'ai fait ? Je n'ai pas mérité cela, pourtant...

Pourquoi est-ce que ce n'est pas toujours parfait ?

Ô vous mes yeux, et les tiens et les miens, soyez toujours rieurs, sourieurs. Donnez-moi toujours des spectacles bénis. *Resplendissants comme neige au soleil* [A]. Ne m'abandonnez pas. Je n'aime pas l'autre visage, le visage gris, triste et soucieux. Que le Visage soit toujours glorieux. Vieillir, accepter le temps qui passe, le sillon des rides, je ne le veux pas. Que toujours me sourie la Vie...

Car ces moments-là sont si beaux... Ils sont même si beaux qu'ils font peur. Ils transpercent, clouent sur place, pénètrent d'effroi. *Car ils ne savaient que dire, l'effroi les ayant saisis* [A]. – Alors, si on s'arrêtait, s'immobilisait, et si on *dressait sa tente* [A], enfin, à jamais. Arrête-toi, Moment... Photo du bonheur. Ne bougeons plus...

– Crois-tu ? Est-ce que c'est juste ? Pourquoi poser des conditions ? Ne sois pas si gourmand. Tu ne peux tout avoir, toujours. Et toujours voir la Beauté transperçante. Aux éclairs et aux miracles il faut survivre. Aussi tu n'es pas raisonnable. Attends un peu... *Attends*, un peu.

Transfiguration

Le brouillard tombe. Tout disparaît dans la nuée.
– Maintenant, si tu fermais les yeux, entendais la Voix…

Celui-ci est mon bien-aimé, écoutez-le… [A]

Cette voix est tout ce qui te reste, et assurément ce n'est pas rien. Le bonheur, le sourire, tu ne peux pas les voir toujours. – Mais y croire et te le dire, cela, au moins tu le peux. Tu as maintenant le savoir des choses déjà vues, et comme avenir le souvenir. Ils t'accompagneront, car tu ne peux pas rester à l'arrêt, tu dois résigner l'éblouissement, *descendre de la montagne* [A], et marcher, avancer. Je te donne ici le secret.

Écoute donc…

Tu as *vu* ?

Donc, désormais, *écoute*.

[A] Marc, 9, 2-9 : Six jours après, Jésus prit avec lui Pierre, Jacques et Jean, et il les conduisit seuls à l'écart sur une haute montagne. Il fut transfiguré devant eux ; ses vêtements devinrent resplendissants comme la neige, et d'une telle blancheur qu'il n'est pas de foulon sur la terre qui puisse blanchir ainsi. Élie et Moïse leur apparurent, s'entretenant avec Jésus. Pierre, prenant la parole, dit à Jésus : « Rabbi, il est bon que nous soyons ici ; dressons trois tentes, une pour toi, une pour Moïse, et une pour Élie. » Car il ne savait que dire, l'effroi les ayant saisis. Une

TRANSFIGURATION

nuée vint les couvrir, et de la nuée sortit une voix : « Celui-ci est mon Fils bien-aimé : écoutez-le ! » Aussitôt les disciples regardèrent tout autour, et ils ne virent que Jésus seul avec eux. Comme ils descendaient de la montagne, Jésus leur recommanda de ne dire à personne ce qu'ils avaient vu, jusqu'à ce que le Fils de l'homme fût ressuscité des morts.

UNE SURPRISE

Si tu es bien sage, Il viendra. Et il t'apportera beaucoup de cadeaux. Quand exactement, je ne te le dis pas. Mais sois sûre que de là-haut il te voit, te surveille. Il aime bien quand on obéit, se fâche dans le cas contraire. Tu lui as bien fait ta lettre, au moins ? C'est bien. Et quand tu dormiras, il descendra par la cheminée, remplira tes petits souliers. Le lendemain, tu auras une énorme et belle surprise. Et tu n'oublieras pas, j'espère, de le remercier...

Comme tu rêves, ma chérie. Tu es dans les nuages. Tiens, cela doit être ça son adresse :

« Père Noël, Villa *Les Flocons,* Boulevard des nuages, Le Ciel. »

Tu ne crois pas ? Comme j'aimerais être à ta place ! À l'église où j'allais, on l'appelait : « Le bon Dieu »... Voici que je rêve aussi, et que je me souviens. Viens dans mes bras, qu'on se câline, et qu'on rêve ensemble. Et pense à ta surprise...

*

Quelle musique, bien assourdissante ! Mais c'est la fête tout de même, tu ne crois pas ? Tout le monde semble bien s'être donné rendez-vous au supermarché. Les rayons sont dévalisés, les jouets, la nourriture pour ce soir de réveillon... Tu penses toujours à ce que tu auras demain matin, à ton réveil, n'est-ce pas ?

Mais quel attroupement là ! Pourquoi tous ces enfants ? Ce photographe ? Ah ! Je vois. Et tu le vois aussi, toi. Et c'est encore une surprise... Il vient avec sa houppelande rouge, sa barbe blanche, ses lunettes. Il veut te toucher, te caresser. Mais laisse-le faire, donc ! Et qu'est-ce qui te prend ?

Épouvantée, la petite fille se blottit dans les bras de sa mère. De voir la grosse figure rougeaude et la neige hirsute si près d'elle, elle s'angoisse. Beaucoup d'enfants sont comme elle, violés par cette intrusion intempestive, cette cruauté bonhomme.

Eh bien, si je m'attendais à ça ! En voilà encore une surprise ! Je ne sais plus quoi dire : tu en rêvais si fort ! Décidément, ma petite fille si songeuse me surprendra toujours.

*

Vous avez tort, Madame. Réfléchissez. On ne voit bien que ce qu'on rêve, et on est épouvanté par ce qu'on voit. Toucher ses rêves, c'est les détruire. Il ne faut pas toucher aux idoles, la dorure en reste aux mains. L'attente et l'espoir nous font, la réalité nous défait. Méditez donc cette défaite, que vous venez de voir ce soir. *Ce que l'on voit, peut-on l'espérer encore ?* [A] Les dieux ne meurent que d'être parmi nous, et nos corps eux-mêmes sont en exil. *Car nous marchons par la foi, et non par la vue.* [B]

[A] Romains 8/24 : Car c'est en espérance que nous avons été sauvés. Or, l'espérance qu'on voit n'est plus espérance : ce qu'on voit, peut-on l'espérer encore ?

[B] 2 Corinthiens 5/6-7 : Nous sommes donc toujours pleins de confiance, et nous savons qu'en demeurant dans ce corps nous demeurons loin du Seigneur, car nous marchons par la foi et non par la vue ...

UN REPAS

Comme il mange salement ! La sauce tache la nappe, et on le suit à la trace. Où a t-il été élevé ? Décidément les gens de son milieu n'ont pas de manières. S'est-il au moins lavé les mains ? On peut bien en douter.

Savez-vous d'où il vient ? Il paraît que son père a abandonné son foyer. C'est au moins ce que je me suis laissé dire. Il a dû être livré à lui-même, et cela explique sans doute, sans l'excuser, son manque d'éducation. L'avez vous entendu dire vous aussi ? De toute façon, il n'y a pas de fumée sans feu, n'est-ce pas ?

Sans doute mangent-ils n'importe quoi, ces gens-là. Ce n'est pas comme nous, évidemment, qui savons y prendre bien garde. Voyez-le engloutir d'un seul coup son verre de vin ! Il oublie l'attention qu'il faut lui porter, la lenteur, le rituel nécessaire, que nous respectons toujours.

Croyez-moi, la politesse doit s'apprendre, si on veut bien figurer en société. Ils n'ont pas de savoir-vivre, et on s'étonne après qu'ils salissent tout ce qu'ils touchent ! D'abord on boit à même la bouteille, et puis on la laisse sur le sol. Ce doit être son cas.

Mais pourquoi l'a-ton admis ici ? Il faudra veiller à ce que cela ne se reproduise pas...

Regardez ce qu'il ingurgite, regardez l'état de sa bouche ! Véritablement sur la nappe on peut le suivre à la trace. Mais au fait, rappelez-moi ce qu'il a dit quand nous l'avons invité. Vous en souvenez-vous ? Oui, c'est cela. C'est ce qu'il a ajouté, en disant comment il acceptait notre invitation :

De bon cœur !

Matthieu, 15/11 : « Ce n'est pas ce qui entre dans la bouche qui rend l'homme impur ; mais ce qui sort de la bouche, voilà ce qui rend l'homme impur. »

Id. 15/17-20 : « Ne savez-vous pas que tout ce qui pénètre dans la bouche passe dans le ventre, puis est rejeté dans la fosse ? Mais ce qui sort de la bouche provient du cœur, et c'est cela qui rend l'homme impur. Du cœur en effet proviennent intentions mauvaises, meurtres, adultères, inconduites, vols, faux témoignages, injures. C'est là ce qui rend l'homme impur ; mais manger sans s'être lavé les mains ne rend pas l'homme impur. »

UN SOUVENIR

Arrête ! Tu me fais mal...

Il se recule, et elle frotte son poignet meurtri. La souffrance et la colère ne la quittent pas. Elle se réfugie dans la pièce à côté, tandis qu'il allume une cigarette.

Assise, au calme maintenant, elle se souvient. Ce beau jour où elle lui a dit 'Oui', il lui revient, tout blanc, surexposé dans sa mémoire. Comme elle était heureuse alors ! Sa famille, ses amis lui faisaient cortège. Il y avait la musique, les chants, les belles tenues endimanchées. Et les sourires qui l'entouraient, bénédictions d'un jour.

Mais ensuite, tout le blanc de ce jour s'est effacé de sa vie, progressivement. Tous ses rêves évanouis, elle a vu qui il était vraiment : égocentrique et violent. Tout s'y est mis : éclats de voix, portes qui calquent, coups de téléphone furtifs, retards inexpliqués.

Au début pourtant, en souvenir de ce qu'elle a éprouvé pour lui, elle a pris patience, elle a fait taire son orgueil, croyant qu'il allait s'amender. Lorsqu'elle a appris qu'il la trompait, elle a souffert de la trahison. Mais elle a essayé de ne pas s'irriter, de ne pas être jalouse, toujours au nom de ce qu'elle a éprouvé dans le début de son amour. Aussi de ne pas chercher son propre intérêt, de ne pas entretenir de rancune, et pourquoi pas, dans le désordre et l'embarras qu'elle soupçonnait chez lui, de lui venir en aide. Elle était prête à tout excuser, à tout croire, à tout espérer.

Mais de quoi lui ont servi tous ces efforts ? Il ne s'amendait pas. Mieux, il prenait mal sa patience, par laquelle il se sentait humilié, comme si elle lui représentait encore plus son démérite par rapport à elle, en l'augmentant. Plus elle allait vers lui, plus il s'éloignait. Et les scènes se firent de plus en plus fréquentes, au risque à la longue de lui faire perdre tout courage.

Et voici qu'aujourd'hui il en venait aux coups. Jamais elle ne l'eût cru possible. Elle chute de tout son haut, les larmes coulent sur ses joues, la révolte l'envahit, et pour la première fois aussi le mépris – pour lui, pour elle-même aussi, pour quiconque peut ainsi gâcher sa vie, pour tout...

... Elle repense au jour de son mariage. Du milieu des éblouissements elle entend une voix. Lointaine au début, puis de plus en plus proche d'elle. Mais que dit-elle ? Elle cherche. Quoi déjà ? Ah ! Oui. C'est ça, c'est bien ça ! C'est celle du prêtre qui leur donne conseil à tous les deux, c'est celle que sans doute elle seule a retenue, et qui lui revient maintenant au milieu de ses sanglots :

L'amour supporte tout.

Elle éclate de rire.

---

1 Corinthiens 13/4-7 : L'amour prend patience, l'amour vient en aide, il n'est pas jaloux, il ne plastronne pas, il fait taire l'orgueil, il ne fait rien de laid, il ne cherche pas son intérêt, il ne s'irrite pas, il n'entretient pas de rancune, il ne se réjouit pas de l'injustice, mais il trouve sa joie dans la vérité. Il excuse tout, il croit tout, il espère tout, il supporte tout.

VA VERS TOI-MÊME...

Tu appuies tendrement ta tête sur moi, et nos bras se rejoignent. Que voudrais-tu pour notre avenir, notre chemin ? Une fusion constante ? Tous en rêvent, mais la réalité se charge de les détromper. La plupart du temps, on aspire à l'union des âmes, et on se contente du contact des corps. Non, nous méritons mieux. Chaque être est une petite solitude, île éphémère dans l'océan des vies. Le seul amour qui soit possible est pour chacun de veiller sur la solitude de l'autre, de la respecter et protéger. À certains moments bien sûr la symbiose ou ce qui lui ressemble est possible. Alors il faut se souvenir de ces moments bénis et magiques, pour poursuivre le chemin. Comme souvent dans la vie, c'est le souvenir qui donne un avenir.

Tu connais peut-être ce patriarche de la Bible dont trois religions se réclament, qui fut appelé à quitter sa patrie pour aller vers une Terre qui lui était promise. Eh bien, il fut appelé aussi à aller vers lui-même. Cet appel en fait visait son bien le plus profond : *Va pour toi... vers la terre que je te ferai voir.* [A]

De même tu dois te mettre aussi en chemin, *aller pour toi* vers ta terre promise. Ainsi tu dois aller vers toi-même, vers cet être caché qui est plus toi que toi. Si tu te trouves toi-même, je serai heureux quant à moi. Car là est le critère du vrai amour. Aimer, c'est vouloir le bien de ce qu'on aime, et on est plus heureux par le bonheur que l'on donne que par celui que l'on reçoit.

Que dire de plus ? Si, une dernière chose. Puissent nos moments de plaisir et d'éternité vécus sur notre couche, aussi longtemps que le sort nous le permettra, te révéler toujours à toi-même !

Mon bien-aimé élève la voix, il me dit : « Lève-toi vers toi-même, ma compagne, ma belle, et va vers toi-même. » [B]

[A] Genèse, 12/1 – trad. Chouraqui – *Va pour toi :* héb. *Lekh Lekha.*

[B] Cantique des Cantiques, 2/10 – id. – *Va vers toi-même :* héb. *Lekh Lekha.*

TABLE

Avant-propos 5

Anorexie 9

Aux échelles du temps..................................11

Avoir, ou pas... 13

Capitale..17

Ce n'est pas le moment ! 19

Chute 21

Colère et Pitié 25

Comme c'est pas permis… 29

Confession d'un traître 33

Confiance 37

D'où viennent les choses… 41

Découragement..43

De gré ou de force... 45

Dépaysement 49

Devant tout le monde… 51

Dieu lui-même..55

Division 59

Doute et Présence 65

Famille...67

Genèse d'un fasciste 71

Jalousie 75

TABLE

La Petite voix 81

L'Avorton belliqueux 83

La Lampe de ton corps 87

La Pensée humiliée 89

Le Démon de Midi 93

Le Misanthrope confondu 97

Le Moment présent 101

Le Pas de côté 105

Le Silence de l'Agneau 109

Le Touriste théologien 113

Le Voleur justifié 117

Les Deux enfants 121

Les Massacres ordinaires 129

Les Oiseaux du ciel 133

Les Précautions inutiles 137

Miracles 139

Modernisme 143

Morts 149

Murs 153

Nom de baptême 157

Obéissance 159

On ne répond pas à son père 163

Oui ou non 167

Table

Pas de ce monde	169
Pas seulement de pain	173
Paternité	175
Petite	179
Portes	183
Proies pour la hache	187
Pudeur	191
Qui était-il ?	193
Responsable ?	197
Résurrection	201
Retour	205
Rêve	209
Royaumes	213
Séparations	217
Si loin, si proche	221
Si tu sais…	225
Souffles	229
Sous le soleil	231
Talent	235
Tentation	239
Tiédeur	241
Tout est permis, mais…	245
Transfiguration	249

Table

Une surprise	253
Un repas	255
Un souvenir	257
Va vers toi-même...	261
Table	263
Du même auteur	267

DU MÊME AUTEUR
CHEZ LE MÊME ÉDITEUR

La Source intérieure

« La source ne se trouve pas ailleurs mais en nous. Le pèlerin de l'intériorité vit la religion comme lecture de soi et recueillement en soi, et non comme lien d'asservissement ou de sujétion à une communauté ou à des autorités. Il chemine, cherchant inlassablement à travers les mots la parole, source de vie ou vie à sa source...

Ce livre m'a charmé et enrichi, il a stimulé ma réflexion et ma méditation. Le souci de la beauté l'anime autant que celui de la vérité. Je suis sensible à son étonnant mélange de sérieux et d'humour, de profondeur et de jeu, de bienveillance et de polémique. Je lui en ai une très grande reconnaissance, une reconnaissance que, je le pense et l'espère, éprouveront tous les lecteurs de ces pages d'une qualité exceptionnelle. »

André Gounelle

DU MÊME AUTEUR

 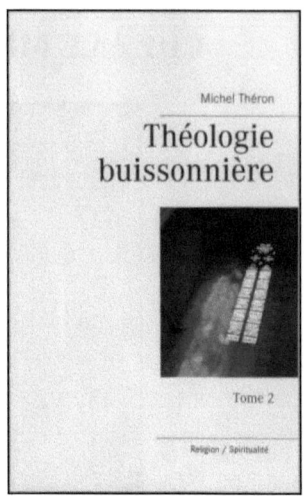

Théologie buissonnière, tomes I et II

« Michel Théron nous offre une agréable et instructive promenade parmi plusieurs notions fondamentales de culture religieuse. Il a choisi pour les deux tomes de cet ouvrage environ 80 mots, rangés en ordre alphabétique, qu'il commente avec la gourmandise d'un fin lettré et une tendresse amusée pour les étrangetés du religieux mais aussi attentive à ses profondeurs... Malicieux, méditatif, réfléchi, bien informé et non conformiste, ce livre nous sort de nos routines, nous aide à penser sans jamais rien nous imposer... Cette promenade peut très vite déboucher, si on le désire, sur une exploration élargie et approfondie. Ce n'est pas un des moindres mérites de cet ouvrage que d'inciter à aller ailleurs et plus loin ; on sent ici tout l'art pédagogique du professeur incitateur ou éveilleur et non doctrinaire qu'a été Michel Théron. »

André Gounelle

DU MÊME AUTEUR

Peur de son ombre... – La Lumière est en nous

Cet ouvrage critique l'idée d'une Puissance extérieure et antérieure à nous, que nous projetons et imaginons pour justifier nos craintes et nos espoirs. D'où son titre : *Peur de son ombre...* En réalité cette puissance est en nous-mêmes, si nous savons bien l'y chercher. D'où son sous-titre : *La Lumière est en nous*.

Plaidant pour une intériorisation du fait religieux, ce livre répond aux divers intégrismes qui menacent notre époque.

Les illustrations sont de Stéphane Pahon.

DU MÊME AUTEUR

Chroniques religieuses, tomes I et II

Les textes composant cet ouvrage sont une sélection d'articles parus dans un journal hebdomadaire. Souvent inspirés par l'actualité, ce qui les rend plus vivants, ils concernent toujours directement ou indirectement des sujets ayant trait à la religion et à la spiritualité. Vu leur brièveté (deux pages), on peut en faire une lecture picorante et fragmentée. Ce livre n'est pas un traité systématique, mais un recueil familier permettant de petites méditations quotidiennes sur des sujets concrets.

DU MÊME AUTEUR

Les Mystères du Credo – Un christianisme pluriel

Peut-on légitimement parler du Credo de la foi chrétienne, alors qu'il existe deux textes historiques, le *Symbole des Apôtres* et le *Symbole de Nicée-Constantinople* ? L'Église catholique romaine les considère comme équivalents, mais qu'en est-il au juste ?

Ce livre-enquête montre que les deux Credos nous parlent sur des tonalités bien distinctes l'une de l'autre : la figure et le statut du Christ n'y sont pas du tout les mêmes. Le premier montre un homme qui devient Dieu, et le second, un Dieu qui devient homme. Ce sont deux scénarios différents, avec des implications elles aussi différentes.

Au total, cette lecture d'un genre nouveau, à la fois analyse littéraire et exégèse spirituelle, toujours respectueuse du texte, nous dévoile la pluralité des christianismes possibles.